AF192968

••• Títulos relacionados

HOTI0108 PROMOCIÓN TURÍSTICA LOCAL E INFORMACIÓN AL VISITANTE

[DISPONIBLE CERTIFICADO COMPLETO]

Solicítalos en: • Librería
                   • www.paraninfo.es
                   • Solicitudes nacionales +34 914 463 350
                   • Solicitudes fuera de España +34 913 308 907, +34 913 308 919

Gestión de la información y documentación turística local
UF0081

Eguzkiñe Urreta Okeranza

Ⓟ 2024 Ediciones Paraninfo, S. A.
© 2024 Eguzkiñe Urreta Okeranza

Diseño y maquetación: Ediciones Nobel, S. A.

ISBN: 978-84-283-6947-3
Depósito legal: M-25855-2024
Impresión: Liberdigital (Casarrubuelos, Madrid)

Impreso en España

Cualquier forma de reproducción, distribución, comunicación pública o transformación de esta obra sólo puede ser realizada con la autorización de sus titulares, salvo excepción prevista por la ley. Diríjase a CEDRO (Centro Español de Derechos Reprográficos, www.cedro.org <http://www.cedro.org>) si necesita fotocopiar o escanear algún fragmento de esta obra.

Autora

Eguzkiñe Urreta Okeranza es diplomada en Turismo, graduada en Turismo, diplomada en Magisterio (Lengua Extranjera: Francés), máster oficial en Turismo (Dirección de Empresas Turísticas), máster oficial en Formación del Profesorado de Secundaria, máster oficial en Dirección y Planificación del Turismo Interior y de Salud, máster oficial en Cultura del Vino (Enoturismo) y máster oficial en Planificación y Gestión de Destinos y Productos Turísticos. Además, cuenta con varios posgrados universitarios.

Su amplia experiencia profesional abarca múltiples campos dentro del sector turístico: hoteles, oficinas de turismo, museos, etc.

Actualmente es funcionaria de carrera del Cuerpo de Profesores de Enseñanza Secundaria en la especialidad de Hostelería y Turismo, y se dedica a la docencia en los ciclos formativos de grado superior dc Turismo.

Ha realizado diversas publicaciones relacionadas con el turismo y el patrimonio. También es autora de varios manuales y libros de texto de la especialidad de Hostelería y Turismo.

Índice

Introducción normativa   IX

1. Las fuentes de información turística   1

    1.1. Tipos de información a obtener y procesar.   3

    1.2. Identificación, valoración y clasificación de las fuentes
        de información turística.   13

    1.3. Técnicas de registro, archivo y actualización de información turística. . . .   16

    1.4. Sistemas y medios para la localización y obtención de la
        información turística.   18

    1.5. Metodologías para el análisis, contraste y archivo de la información   22

    1.6. Soportes de la información: papel, electrónico   32

    1.7. Sistemas de archivo: bancos y bases de datos   48

    1.8. Metodología para la actualización permanente:
        procedimientos y costes   48

    1.9. El centro de información turística como fuente de información del destino. . .   49

   1.10. Intercambio de información entre centros y redes de información:
        retroalimentación.   51

   1.11. Circulación y distribución de la información desde el Centro de
        Información y otros sistemas de información no formales en el destino. . .   61

   1.12. Informática y tecnologías de la información aplicadas a los centros de
        información turística.   68

        1.12.1. Búsqueda, almacenaje y difusión de la información   69

        1.12.2. Procesado y adaptación de la información para los diferentes
                soportes y las diferentes vías de difusión de la información:
                atención personal, telefónica, webs —webs 2.0—, descargas
                a móviles, puntos de autoinformación.   69

    AUTOEVALUACIÓN   77

2. Información e interpretación del patrimonio cultural y natural del entorno local 79

2.1. Análisis de los recursos y servicios del destino turístico 81

    2.1.1. Necesidades y expectativas de los distintos segmentos de mercado 81

    2.1.2. Posibles segmentaciones del destino para responder al mercado 85

2.2. Principios y objetivos de la interpretación del patrimonio 88

2.3. Medios interpretativos personales y no personales 91

    2.3.1. Medios personales: visitas guiadas 91

    2.3.2. Medios no-personales: ediciones, material expositivo, exposiciones 105

2.4. Adaptación de la información a los distintos soportes y vías de distribución de la información 114

    2.4.1. Atención personal, atención telefónica y electrónica 117

    2.4.2. Puntos de autoinformación en el centro 125

    2.4.3. Páginas web (estáticas, webs 2.0, webs 3.0…) 128

    2.4.4. Ediciones turísticas 131

    2.4.5. Otras posibilidades ofrecidas por las tecnologías de la información 132

2.5. Adaptación de la información en función de tipos de grupos o turistas destinatarios 134

    2.5.1. Traducción de la información turística a diferentes idiomas 135

    2.5.2. Tematización de la información en función de los nichos de mercado 139

    2.5.3. Accesibilidad de la información para los clientes con necesidades especiales 144

2.6. Integración e interrelación de información 160

AUTOEVALUACIÓN 162

SOLUCIONES DE LAS AUTOEVALUACIONES 163

Introducción normativa

La Ley Orgánica 3/2022, de 31 de marzo, de ordenación e integración de la Formación Profesional, contiene una disposición derogatoria única que afecta a la regulación de los certificados de profesionalidad, ahora denominados **Certificados Profesionales**. La referida normativa deroga la Ley Orgánica 5/2002, de 19 de junio, de las Cualificaciones y de la Formación Profesional, y abre un escenario de cambios que se irán implementando progresivamente.

La Ley Orgánica 3/2022, de 31 de marzo, de ordenación e integración de la Formación Profesional implica que toda la formación es acumulable. La oferta formativa se estructura de forma escalonada, siendo los Certificados Profesionales un nivel intermedio (Grado C) de una escala que va desde el Grado A hasta el E.

En los artículos 35 a 38 de la Ley 3/2022 se describe en qué consisten estos Certificados Profesionales: su oferta, formación asociada, estructura, duración, acceso, titulación y validez. Posteriormente, esta normativa se completa con lo dispuesto en el Real Decreto 659/2023, de 18 de julio, que desarrolla la ordenación del sistema de Formación Profesional. Concretamente en los artículos 67 a 81 es donde se hace referencia a la oferta formativa de Grado C, correspondiente a los Certificados Profesionales.

Están agrupados en 26 familias profesionales con características comunes del sector. En la actualidad hay más de medio millar de Certificados Profesionales incluidos en el Repertorio Nacional. Esta cifra no deja de crecer. Además, cada certificado está específicamente regulado por un real decreto.

Un Certificado Profesional corresponde al Grado C de la oferta del Sistema de Formación Profesional. Es un documento oficial, con validez en todo el territorio nacional y debe constar en el Catálogo Nacional de Ofertas de Formación Profesional, que certifica la capacitación para el desarrollo de una actividad profesional.

Debe detallar los módulos profesionales superados y los estándares de competencia profesional asociados a él e incluidos en el **Catálogo Nacional de Estándares de Competencias Profesionales**, así como su correspondencia con el Marco Español de Cualificaciones.

Despliegan su validez en un doble ámbito, laboral y académico:

- En el contexto laboral tienen validez profesional, porque acreditan las competencias en una determinada profesión. Para poder trabajar en algunas profesiones, se exigen determinadas cualificaciones, y los certificados sirven para acreditarlas.

- Asimismo, tienen validez académica, puesto que permiten continuar un itinerario formativo siempre que se cumplan los requisitos de acceso para cursar la titulación deseada. De tal modo que, los Certificados Profesionales que sean parte de un Grado D permitirán la matrícula modular para completar los módulos establecidos en el currículo y obtener el correspondiente título de técnico básico, técnico o técnico superior con validez en todo el territorio nacional.

Para obtener un Certificado Profesional (Grado C) es preciso cumplir con los requisitos de acceso para realizar la formación.

Estructura de los Certificados Profesionales

I. Identificación: denominación, familia y área profesional a la que pertenecen; nivel de cualificación profesional (1, 2 o 3); cualificación profesional de referencia; entorno profesional y módulos formativos que esté previsto cursar junto con la duración de cada uno de ellos.

II. Perfil profesional: incluye las competencias profesionales requeridas en el mercado laboral. En todas ellas se concretan las realizaciones profesionales y los criterios de realización.

III. Formación: describe los módulos formativos que esté previsto cursar para adquirir las competencias requeridas. En cada uno de ellos se indican las capacidades que se pretende alcanzar y la duración del módulo de prácticas no laborales —PNL—, para el que cabe solicitar exención si se cumplen determinados requisitos.

IV. Prescripciones de las personas formadoras.

V. Requisitos mínimos de espacios, instalaciones y equipamiento.

Los Certificados Profesionales se identifican con una denominación concreta y un código alfanumérico propio, y sirven para acreditar una determinada cualificación profesional. Cada certificado está asociado a una relación de unidades de competencia que, a su vez, se vinculan con una serie de módulos formativos específicos. Algunos módulos están integrados por unidades formativas y tanto unos como otras son, en ocasiones, transversales, lo que significa que se trata de contenidos incluidos en más de un Certificado Profesional.

Los Certificados Profesionales se articulan en tres niveles de competencia profesional (1, 2 y 3) conforme a lo dispuesto en el que será el Catálogo Nacional de Estándares de Competencias Profesionales, anteriormente Catálogo Nacional de Cualificaciones Profesionales (CNCP), según los criterios establecidos de conocimientos, iniciativa, autonomía y complejidad de las tareas, en cada una de las ofertas de Formación Profesional.

La oferta formativa dirigida a la obtención de los Certificados Profesionales tiene carácter modular para favorecer la acreditación parcial acumulable de la formación recibida y posibilitar así el avance en el itinerario de Formación Profesional para cualquiera que sea la situación laboral de cada persona en cada momento.

En definitiva, el Grado C constituye la oferta, parcial y acumulable, del sistema de Formación Profesional, de varios módulos profesionales del catálogo modular de Formación Profesional por razón de su significado en el mercado laboral y conducente a la obtención de un Certificado Profesional.

Las ofertas de Grado C de Formación Profesional tendrán por objeto módulos profesionales incluidos previamente en el catálogo modular de formación profesional y asociados al Catálogo Nacional de Estándares de Competencias Profesionales.

Finalidad de los Certificados Profesionales

- Contribuir a la ordenación de un Sistema de Formación Profesional al servicio de un régimen de formación y acompañamiento profesionales que sea capaz de responder con flexibilidad a los intereses, expectativas y aspiraciones de cualificación profesional de las personas a lo largo de su vida.

- Combinar escuela y empresa situando a la persona en el centro del sistema.

- Facilitar el aprendizaje permanente de toda la ciudadanía mediante una formación abierta, flexible y accesible, estructurada de forma modular, a través de la oferta formativa asociada al certificado.

- Acreditar las cualificaciones profesionales o las unidades de competencia recogidas en estas, independientemente de su vía de adquisición, bien sea través de la vía formativa, o mediante la experiencia laboral o vías no formales de formación.

- Favorecer, tanto a nivel nacional como europeo, la transparencia del mercado de trabajo.

- Contribuir a la calidad de la oferta de Formación Profesional.

Este libro

El presente libro desarrolla la Unidad Formativa denominada *Gestión de la información y documentación turística local,* UF0081.

Dicha unidad formativa está asociada a la Unidad de Competencia UC1074_3, forma parte del Módulo Formativo MF1074_3 *Información turística* perteneciente a la Cualificación Profesional de referencia HOT 336_3, de nivel 3, incluida en el Certificado de Profesionalidad denominado *Promoción turística local e información al visitante,* dentro de la familia profesional Hostelería y Turismo.

Según el Real Decreto 1376/2008, de 1 de agosto, modificado por el RD 619/2013, de 2 de agosto, los contenidos que en esta obra se recogen se corresponden con una duración de 60 horas.

Tanto la estructura como el desarrollo del libro se ajustan al citado real decreto y más concretamente a los contenidos de la Unidad Formativa que le da título *Gestión de la información y documentación turística local,* UF0081.

Contenidos

1. Las fuentes de información turística

— Tipos de información a obtener y procesar

— Identificación, valoración y clasificación de las fuentes de información turística

— Técnicas de registro, archivo y actualización de información turística

— Sistemas y medios para la localización y obtención de la información turística

— Metodologías para el análisis, contraste y archivo de la información

— Soportes de la información: papel, electrónico

— Sistemas de archivo: bancos y bases de datos

— Metodología para la actualización permanente: procedimientos y costes

— El centro de información turística como fuente de información del destino

— Intercambio de información entre centros y redes de información: retroalimentación

— Circulación y distribución de la información dentro del Centro de información y otros sistemas de información no formales en el destino

— Informática y tecnologías de la información aplicadas a los centros de información turística:
- Búsqueda, almacenaje y difusión de la información
- Procesado y adaptación de la información para los diferentes soportes y las diferente vías de difusión de la información: atención personal, telefónica, webs —webs 2.0—, descargas a móviles, puntos de autoinformación

2. **Información e interpretación del patrimonio cultural y natural del entorno local**
— Análisis de los recursos y servicios del destino turístico
- Necesidades y expectativas de los distintos segmentos de mercado
- Posibles segmentaciones del destino para responder al mercado
— Principios y objetivos de la interpretación del patrimonio
— Medios interpretativos personales y no personales
- Medios personales: visitas guiadas
- Medios no-personales: ediciones, material expositivo, exposiciones…
— Adaptación de la información a los distintos soportes y vías de distribución de la información:
- Atención personal, atención telefónica y electrónica
- Puntos de autoinformación en el centro
- Páginas web (estáticas, webs 2.0…)
- Ediciones turísticas
- Otras posibilidades ofrecidas por las tecnologías de la información
— Adaptación de la información en función de tipos de grupos o turistas destinatarios
- Traducción de la información turística a diferentes idiomas
- Tematización de la información en función de los nichos de mercado
- Accesibilidad de la información para los clientes con necesidades especiales
— Integración e interrelación de información

■ Nota del Editor

En Ediciones Paraninfo estamos comprometidos con la calidad de la formación e intentamos que nuestros materiales respondan fielmente y con rigor a las necesidades de todos cuantos confían en nuestro sello editorial.

Tratamos de dar respuesta a los currículos de las unidades formativas y de los módulos que integran los distintos Certificados Profesionales, equilibrando la parte teórica con la práctica para que los procesos de aprendizaje se conviertan en experiencias gratificantes, tanto para docentes como para las personas inmersas en los procesos formativos.

Nuestros objetivos son contribuir de forma decisiva a afianzar aprendizajes, ayudar a adquirir destrezas que tengan significado para el empleo y conseguir potenciar el desarrollo personal.

Para lograrlo contamos con excelentes autores, expertos en las materias que abordan, en la mayoría de los casos docentes de dichas especialidades con dilatada experiencia tanto profesional como académica, porque buscamos perfiles familiarizados con los contextos laborales concretos a los que se refieren nuestros manuales.

Confiamos en poder serte de ayuda y esperamos tus impresiones acerca de nuestro trabajo. Sean positivas o negativas, serán muy bien recibidas y, sin duda, nos ayudarán a seguir mejorando y trabajando con ilusión para continuar siendo un referente en formación para el empleo.

Agradecemos tu confianza en nuestros manuales. Todo nuestro equipo queda a tu total disposición. Puedes contactar con nosotros en esta dirección de correo electrónico:

info@paraninfo.es

1. Las fuentes de información turística

Contenidos

1.1. Tipos de información a obtener y procesar

1.2. Identificación, valoración y clasificación de las fuentes de información turística

1.3. Técnicas de registro, archivo y actualización de información turística

1.4. Sistemas y medios para la localización y obtención de la información turística

1.5. Metodologías para el análisis, contraste y archivo de la información

1.6. Soportes de la información: papel, electrónico

1.7. Sistemas de archivo: bancos y bases de datos

1.8. Metodología para la actualización permanente: procedimientos y costes

1.9. El centro de información turística como fuente de información del destino

1.10. Intercambio de información entre centros y redes de información: retroalimentación

1.11. Circulación y distribución de la información desde el Centro de Información y otros sistemas de información no formales en el destino

1.12. Informática y tecnologías de la información aplicadas a los centros de información turística

Estos últimos años la sociedad ha sufrido una serie de cambios muy importantes en los hábitos de compra. Los consumidores han cambiado sus costumbres a la hora de comprar un producto o servicio. Esto también se puede aplicar al turismo, puesto que los viajeros han modificado sustancialmente sus hábitos de compra. Estas variaciones en los procedimientos que los turistas siguen a la hora de realizar una reserva se pueden constatar en cualquier fase de la compra de un producto o servicio turístico: en el número y tipología de las fuentes que el turista consulta para obtener información, en el proceso de reserva, en la actuación postviaje, etc.

Hasta hace muy pocos años, el cliente que quisiera contratar un viaje o reservar un alojamiento acudía a una agencia de viajes convencional y depositaba toda su confianza en el personal que en ella trabajaba. Ellos eran los únicos responsables de asesorar al cliente en todo el proceso de compra, y la única información, consejo u opinión sobre el destino o el alojamiento que el cliente recibía eran los que el agente de viajes le facilitaba.

Por el contrario, el turista del siglo xxi utiliza la red para realizar todo el proceso relacionado con la adquisición de su viaje.

1.1. Tipos de información a obtener y procesar

En un centro de información turística se pueden recibir distintos tipos de peticiones o solicitudes de información de clientes o clientes potenciales. Cada cliente es diferente a los demás, y cada uno plantea una serie de dudas o cuestiones totalmente personalizadas que requieren una respuesta individualizada, adaptada a cada demanda y a las necesidades específicas de cada cliente.

El criterio más habitual a la hora de clasificar las demandas de información de los clientes de un centro de información turística es el de distinguir entre solicitudes genéricas y solicitudes específicas.

Solicitudes genéricas:

Las solicitudes genéricas son las relacionadas con el destino turístico. Son las demandas de información más habituales que recibe una oficina de información turística. Algunos ejemplos de este tipo de demandas son los siguientes:

- Petición de un plano del municipio o de la ciudad, un mapa de la comarca o de la provincia, etc.

- Información general sobre los recursos turísticos, monumentos o museos que ofrece el destino turístico: ubicación de los mismos, horarios, precios, así como visitas guiadas que ofrece cada uno de ellos.

- Información sobre rutas y visitas guiadas por el casco histórico del municipio.

- Información sobre itinerarios naturales o rutas de senderismo por zonas verdes o espacios naturales protegidos que haya en las inmediaciones: parques nacionales, parques naturales, reservas de la biosfera, GR, PR…

- Información sobre los alojamientos turísticos (hoteles, campings, etc.) existentes en el destino turístico, con datos sobre los precios aproximados, ubicación, categoría, servicios ofrecidos, etc.

- Información sobre los restaurantes y bares del destino, así como datos más específicos de cada uno de ellos: tipo de comida ofrecida, precios aproximados, horarios, días semanales o anuales de cierre, etc.

- Información sobre los medios de transporte en el destino, sus horarios y los correspondientes precios: tanto para llegar desde otras comunidades o regiones al destino, como para recorrer posteriormente los pueblos de la comarca.

- Información sobre otras empresas turísticas de la zona: empresas de turismo activo, agencias de viajes de receptivo, parques de atracciones, parques acuáticos o parques de aventura, empresas de guías, etc.

- Información sobre eventos culturales, deportivos o de ocio: cine, teatro, centros comerciales, jornadas gastronómicas, concursos, exposiciones, etc.

- Información sobre servicios públicos no-turísticos que se ofrecen en el destino: hospitales, centros de salud, farmacias, bibliotecas, bancos y cajeros automáticos, cambio de moneda, colegios o centros de formación, etc.

Solicitudes específicas:

Las solicitudes específicas son menos habituales y pueden ser muy variadas. Puede haber tantas solicitudes específicas como usuarios en la oficina de turismo. En estas ocasiones, podría darse el caso de que los informadores turísticos no tengan conocimientos suficientes para dar una respuesta inmediata a la petición, y por eso es imprescindible saber localizar las fuentes adecuadas y dar una respuesta en la mayor brevedad. Algunos ejemplos de este tipo de demandas son los siguientes:

- Reserva de visitas guiadas en el municipio, en el caso de que sea la oficina de turismo la responsable de realizar esta gestión. En caso contrario, se facilitarán los datos del organismo o empresa que realice las visitas guiadas. Si se solicita una reserva para visitar otro monumento o recurso turístico, generalmente suele ser necesario contactar directamente con la recepción de dicho recurso turístico. En estos casos, la oficina de turismo facilitará al usuario el contacto (teléfono, *e-mail*...) para que este se comunique directamente con ellos y proceda a formalizar su reserva.

- Petición de información de estadísticas, datos, informes, etc. sobre el turismo de la localidad y sobre el perfil de los visitantes que ha recibido la oficina de información turística en un periodo concreto. Estas peticiones suelen realizarlas los estudiantes universitarios que están realizando un trabajo o investigación sobre la temática, investigadores o doctorandos, profesores o profesionales del sector turístico.

- Petición de imágenes del destino y de los recursos turísticos. Generalmente son los periodistas los que realizan este tipo de demandas. Suelen utilizar las fotografías para insertarlas en un artículo o reportaje que estén escribiendo. También suelen solicitar datos estadísticos, información sobre eventos que se celebrarán próximamente, etc.

- Venta de *souvenirs* y productos locales (artesanales, gastronómicos, etc.). La compra de *souvenirs* y de productos artesanales la realizan tanto los visitantes como los habitantes del municipio.

- Reservas de alojamientos, hoteles, restaurantes, etc. En España está totalmente prohibido que las oficinas de información turística realicen reservas de alojamientos y otros servicios turísticos, puesto que las agencias de viajes son las únicas que tienen competencias para realizar estas reservas. Sería competencia desleal que las oficinas de turismo realicen también estas gestiones para sus clientes. No obstante, en algunos países como el Reino Unido, es muy habitual que las oficinas de información turística realicen reservas de alojamiento, puesto que funcionan al mismo tiempo como agencias de viajes y como oficinas de turismo, adoptando ambos roles en un mismo espacio.

Otro aspecto clave a tener en cuenta es que las oficinas de turismo ubicadas en territorio español nunca podrán recomendar al visitante una empresa turística concreta, ni podrán emitir juicios de valor u opiniones sobre un hotel o restaurante. Es habitual que los clientes pidan recomendaciones al informador, preguntándoles qué restaurante les puede recomendar para esa noche o qué hotel es el mejor —o el más barato— de la zona. Por eso es importante que los futuros profesionales turísticos conozcan la importancia de no recomendar una empresa concreta. Tampoco podrán dar opiniones personales, ni comentar qué restaurante es mejor, cuál está mejor ubicado, qué hotel tiene mejor fama, o comentarios similares.

Además, si un informador turístico recomienda siempre el mismo restaurante, los demás restaurantes de la ciudad se verán totalmente perjudicados. Las oficinas de turismo únicamente deben informar de la oferta turística de la ciudad de la forma más objetiva posible, sin dar opiniones personales, sin hacer comentarios subjetivos y sin emitir juicios de valor. Generalmente, las oficinas de información turística suelen facilitar, tanto presencialmente como por *e-mail* en formato digital, listados con los alojamientos y restaurantes del destino, en los que también se incluye información referente al tipo de comida ofrecida, precios aproximados, ubicación, datos de contacto, horarios, cierre semanal, vacaciones anuales, etc.

En el caso de los restaurantes, es importante que el informador conozca qué tipo de restaurante demanda el cliente: tipología de comida, precio medio aproximado, categoría, si prefiere comer a la carta o con pintxos —tapas, etc.—. También es importante conocer si hay algún factor especial que condicione la decisión: si alguna persona tiene algún tipo de discapacidad física, si hay niños pequeños, etc. Cuando se haya conseguido obtener la máxima información posible sobre las necesidades de los clientes, se les indicará en el listado y en el plano los establecimientos que se ajustan a lo que el cliente ha demandado.

En el caso de los hoteles y alojamientos, habrá que tener en cuenta factores como la ubicación del establecimiento. Puede ser que haya clientes que viajan sin coche y demandan un alojamiento junto a la estación de tren o autobús. También puede ser que tengan alguna necesidad especial, que deseen un alojamiento con parking, un hotel que esté en la zona comercial o en el centro histórico, que esté lejos del bullicio, que esté ubicado en un entorno rural, que tenga piscina o *spa,* etc.

A continuación se expone un ejemplo de un listado de restaurantes de un destino turístico, en concreto de la localidad alavesa de Laguardia:

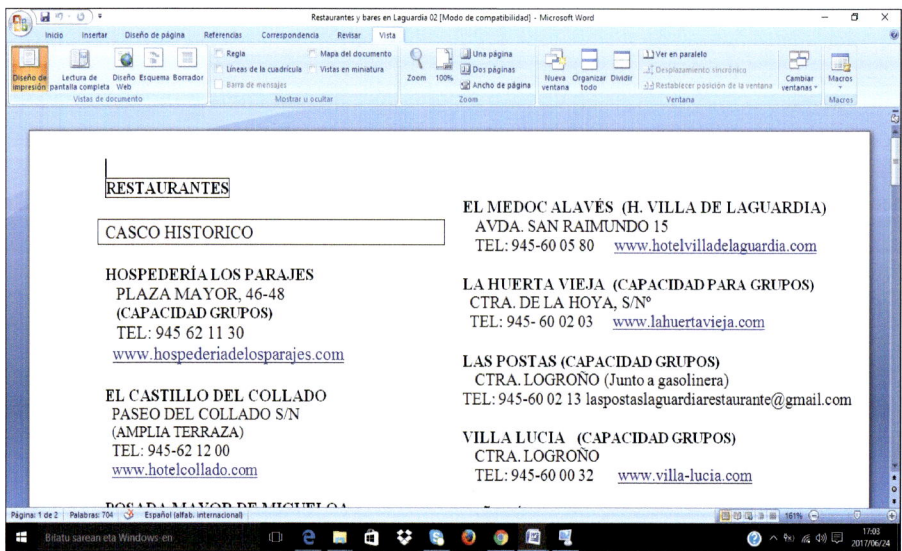

Los listados de alojamientos son muy similares, muestra de ello es el siguiente listado que se muestra a continuación, correspondiente a los alojamientos de la comarca guipuzcoana de Oarsoaldea:

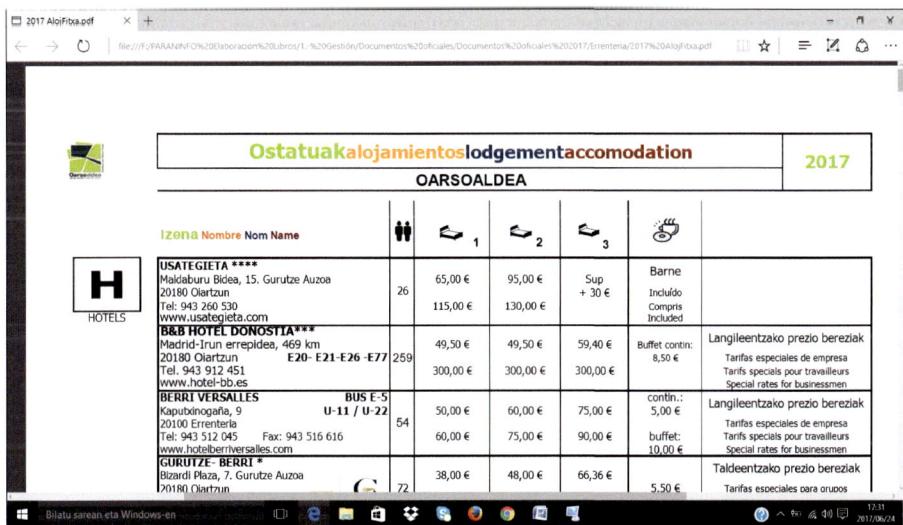

Y por último, otro ejemplo que se muestra de cómo es un listado de alojamientos es el de la localidad de Oñati, en Gipuzkoa. En este caso, en el listado se indican también los restaurantes que están adaptados a personas con movilidad reducida.

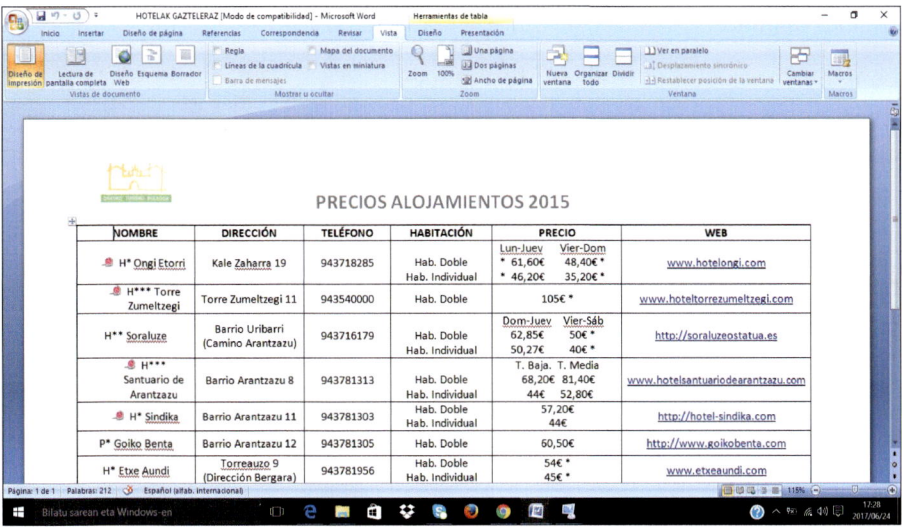

El informador turístico facilitará a los usuarios de la oficina de turismo estos listados, para que sea el propio cliente el que tome la decisión de elegir el alojamiento o restaurante que mejor se adapta a sus necesidades.

Es de suma importancia que el informador turístico sepa realizar adecuadamente esta labor de informar de manera objetiva porque, en caso contrario, estaría incurriendo en una falta muy grave que podría ser denunciada si los empresarios locales tienen conocimiento de que desde la oficina de turismo se está recomendando un restaurante más que los demás, o de que se están emitiendo juicios de valor sobre los distintos hoteles (diciendo, por ejemplo, que un hotel tiene mala fama, que un hotel es mejor que otro, que uno tiene mejor reputación, etc.).

Algunos usuarios de la oficina de turismo son insistentes y preguntan al informador turístico cuál es su restaurante favorito, a cuál suelen ir a cenar los fines de semana, etc. Pero es necesario que el informador sea firme en todo momento y que actúe con profesionalidad, sabiendo que no debe responder a este tipo de preguntas trampa que hacen los visitantes, siendo necesario mantenerse siempre con una actitud objetiva sin pasar al plano personal, ya que no está permitido responder a este tipo de cuestiones en las que se estaría beneficiando a unas empresas con respecto a las demás.

Las oficinas de turismo son organismos públicos que dependen casi siempre del ayuntamiento de la localidad (o de otros organismos públicos provinciales, autonómicos, etc.), por lo que no se pueden hacer tratos de favor ni recomendar una empresa sobre las demás.

TAREAS DIARIAS

Es importante que el futuro informador turístico conozca cuáles son las tareas diarias que se realizan en una oficina de información turística.

Antes de abrir la oficina, los informadores turísticos tendrán que cumplir con las siguientes funciones:

- Reponer las baldas y expositores con folletos y catálogos.

- Repasar los carteles que están colocados en el panel de anuncios, en la puerta o en el escaparate, para detectar si alguno está obsoleto, pasado de fecha o si está anunciando un evento que ya ha finalizado. En ese caso, se elimina-

Expositor con información turística en la Oficina de Turismo de Borja (Zaragoza).

rá, colocando otros pósteres o carteles más actualizados, fotografías del destino, etc.

- Revisar el correo electrónico y el contestador del teléfono, con el fin de responder todas las consultas que hayan llegado durante la noche.

- Actualizar las redes sociales: colgar y compartir noticias de interés relacionadas con los eventos o las actividades turísticas del municipio, responder comentarios que hayan dejado en las publicaciones o en nuestro tablón, responder mensajes privados que nos hayan enviado, etc.

PAUTAS DE ACTUACIÓN

Cuando un cliente entra en la Oficina de Turismo, estas serán las pautas básicas de actuación:

- El informador turístico tendrá que dejar lo que esté haciendo en ese momento para atender al usuario, puesto que la prioridad total será la atención al cliente. Se le saludará, en base a las directrices de cada oficina de turismo, mirándole de frente y sonriéndole. Según la política de cada oficina de turismo, en algunas se establece como pauta general tratar de usted a todos los usuarios; en otras se ha decidido tratarles de una forma más cercana, tuteando a los usuarios y saludándoles con un simple «Hola».

- Cuando hay más de una persona atendiendo al público, es importante que sea la misma persona la que atienda al usuario de principio a fin, evitando que varios informadores entren en contacto con el cliente para resolver una misma demanda de información. Es una falta de respeto que un informador interrumpa la conversación que su compañero está teniendo con un cliente, ya sea para contradecirle o para aportar una información extra o complementaria. En todo caso, tendrá que ser el informador que está atendiendo al cliente el que solicite ayuda a un compañero en caso de duda, no al revés. Un informador no podrá nunca inmiscuirse en una conversación ajena.

- Hay que tener en cuenta que no merece la pena entregar a los usuarios varios folletos que no van a utilizar. No es necesario que todos los clientes salgan de la oficina de turismo con todos los folletos existentes. A cada turista se le facilitarán únicamente aquellos folletos y materiales que realmente son útiles para él en función del tipo de demanda que haya realizado. El material se dará con moderación, y únicamente se entregará aquello que solicite cada cliente.

- No es necesario tener en la mente toda la información. Es normal y habitual responder «no lo sé» en algún momento: es preferible responder de esa manera que dar información incorrecta o errónea. No es necesario conocer «de memoria» todos los datos que algún cliente pueda solicitar, lo realmente necesario es saber dónde se puede buscar la información para poder responder la demanda al usuario y que este quede satisfecho con el servicio que se le ha prestado.

- A la hora de despedir al turista, se le agradecerá la visita. Nunca será el informador el que despida al cliente porque pudiera darse el caso de que tuviera alguna otra duda o demanda que realizar. Siempre se esperará a que sea el usuario el que ponga punto y final a la conversación.

En temporada alta y franjas horarias de mayor afluencia, será necesario establecer unas pautas de actuación específicas con el objetivo de que todos los clientes queden satisfechos con la información que buscan. Pero al mismo tiempo se intentarán minimizar lo máximo posible las esperas.

Algunos consejos a tener en cuenta son los siguientes:

- Se intentará que las consultas no se alarguen más de 5 minutos, principalmente cuando haya clientes esperando a ser atendidos.

- Cuando hay varios turistas esperando a ser atendidos, el informador tendrá que mirarles cada cierto tiempo, haciéndoles algún gesto para que sepan que se les tiene en cuenta (una sonrisa, mirarles a los ojos…). Así, los clientes sabrán que el informador no se olvida de ellos y que pronto serán atendidos.

- Es recomendable tener a mano los planos y folletos más demandados si se prevé que ese día visitará la oficina de turismo un número elevado de turistas, con el fin de evitar las pérdidas innecesarias de tiempo que conlleva ir al almacén para reponerlos constantemente. Esto también agilizará el trámite de consulta y evitará que se formen colas innecesarias.

Generalmente, una oficina de turismo tiene como misión realizar la presentación del destino turístico, facilitar información sobre el mismo y promocionar la oferta turística del municipio, además de atender al visitante.

En cuanto a las tareas generales que desarrollan los informadores turísticos de una oficina de turismo, se pueden resumir de la siguiente manera:

- Apertura y cierre de la oficina.

- Atención a los usuarios de la oficina, tanto de forma presencial, como por teléfono, fax y correo electrónico.

- Realizar un control estadístico de las demandas presenciales, esto es, de las personas que visitan la oficina; y también de las demandas no presenciales —los que demandan información vía *e-mail* o por teléfono—. Esta función del control estadístico la desarrollarán algunas oficinas de turismo en función de los procedimientos y protocolos que tengan establecidos, ya que no todas lo realizan.

- Realizar un inventario de los recursos turísticos y culturales que existen en la localidad, actualizándolo cuando sea oportuno.

- Mantener el material turístico debidamente expuesto en los *displays* y expositores correspondientes. También es importante tener los folletos y planos correctamente ordenados en el almacén en función de los criterios que marque la oficina de turismo.

- Realizar envíos de folletos y material de información a las personas, organismos y empresas que los demanden, así como a otras oficinas de turismo.

- Fomentar las actividades culturales, deportivas y de ocio de la localidad, promocionándolas.

- Diseñar y ejecutar visitas guiadas enfocadas a distintos perfiles de usuarios.

- Gestionar subvenciones y mantener contactos con personal del ayuntamiento, diputaciones, consejerías y departamentos de las comunidades autónomas, así como con otras administraciones que tengan competencias en materia turística.

Como ejemplo, la Oficina de Información Turística de Salamanca indica en su web que las funciones más destacables de la oficina son las siguientes:

- Acogida, atención e información turística sobre Salamanca y su entorno.

- Comunicación y promoción de los recursos turísticos y servicios de la ciudad y su entorno.

- Atención e información turística no presencial.

- Recogida de datos estadísticos sobre los servicios de atención, información, visitantes...

- Apoyo en la coordinación de la programación de Turismo, Comercio y Promoción Económica de Salamanca, SAU.

- Difusión de la agenda cultural de la ciudad.

- Preparación de material para ferias.

- Preparación de peticiones de material de congresos.

- Atención del punto de venta de mercaderías turísticas de ciudad.

- Difusión de programas en las fiestas de la ciudad (Semana Santa, San Juan de Sahagún, Ferias y Fiestas).

PETICIONES A RECHAZAR

En algunos casos, los usuarios de la oficina de información turística realizan peticiones que no pueden ser atendidas de manera positiva. Aunque todo depende de cada oficina de turismo y de la política interna o normativa de cada una de ellas, a rasgos generales, estas serán las peticiones que no se podrán satisfacer desde la oficina de información turística:

- La utilización de los baños

  Muchísimos turistas que acuden a la oficina de turismo solicitan usar los baños. En la mayoría de oficinas de información turística los baños son únicamente para el personal de la oficina, no pudiendo permitir el acceso a ningún turista o usuario de la misma. En estos casos, se les explicará dónde están los baños públicos más cercanos —en caso de que los hubiera— o se les recomendará que vayan a un bar o establecimiento de hostelería para poder utilizarlos, previa petición de alguna consumición.

- Realización de llamadas o utilización de internet

  Bajo ningún concepto se permitirá que los clientes de una oficina de turismo realicen llamadas a través del teléfono de la oficina. Tampoco podrán entrar en la zona de mostrador para utilizar el ordenador que los informadores turísticos necesitan para trabajar. No son dispositivos públicos, ya que son herramientas de trabajo para los informadores. Se les indicará dónde está el locutorio más cercano, la biblioteca o casa de cultura con acceso a internet, etc. El teléfono y los ordenadores de la oficina de turismo son herramientas de trabajo para los informadores, no son dispositivos puestos a disposición de los turistas.

- Reservas de alojamiento

  Como se ha explicado anteriormente, las oficinas de turismo no son centrales de reservas ni agencias de viajes. Para poder realizar reservas de alojamiento se necesita una licencia especial que únicamente las agencias de viajes poseen. Puede darse un caso en el que un turista explique en la oficina que ha intentado contactar con un alojamiento pero que la persona que le ha atendido no hablaba su idioma y que no ha podido realizar la reserva, solicitando al informador que sea él quien le ayude a realizar dicha reserva. Este tipo de situaciones no son motivo ni excepción para realizarle al usuario la reserva en el alojamiento. Hay que tener claro que desde la oficina de turismo únicamente es posible facilitar un listado e información de los distintos alojamientos de la ciudad o comarca. Realizar la reserva es tarea de cada turista. Que el turista no hable español, que no tenga cobertura móvil o que su operador telefónico no le permita hacer llamadas desde el extranjero no son motivos justificados para que el informador turístico se salte la norma y haga ese «favor personal» al cliente. Es imprescindible ser rigurosos a la hora de trabajar y no perder nunca la profesionalidad.

- Cargar la cámara de fotos, el teléfono móvil u otros dispositivos electrónicos

  Son consultas que se realizan con bastante frecuencia. Muchos turistas entran en la oficina de turismo solicitando utilizar un enchufe para cargar el móvil o la cámara de fotos. Salvo que la oficina de turismo haya decidido ofrecer este servicio y haya habilitado una serie de enchufes a disposición de los usuarios —que hasta ahora no era lo habitual, pero cada vez es más frecuente—, no se ofrecerá este servicio. Cada turista tendrá que hacerse cargo y ser responsable de sus pertenencias y buscar un lugar para cargar sus aparatos electrónicos.

- Acceso a perros y animales de compañía

  El acceso a animales suele estar prohibido en la mayoría de oficinas de información turística, salvo en el caso de los perros guía: según la legislación española, ningún establecimiento o comercio puede prohibir el acceso a los perros guía, siempre y cuando vayan acompañados de una persona invidente o con problemas de visión.

- Servicio de consigna

  También es bastante habitual que los clientes soliciten este servicio. No obstante, rara vez las oficinas de turismo aceptan hacerse cargo de las pertenencias de los turistas. Generalmente, los hoteles sí que ofrecen esta posibilidad, por lo que las oficinas de información turística no permiten a sus usuarios depositar allí maletas, bicicletas u otros enseres. Las oficinas de turismo no suelen disponer de un seguro de responsabilidad civil que cubra posibles robos y desperfectos de los objetos o errores en la gestión de los equipajes.

1.2. Identificación, valoración y clasificación de las fuentes de información turística

Después de haber realizado la clasificación de la información que demandan los turistas, es necesario proceder a caracterizar cuáles son las fuentes en las que el informador turístico puede localizar la información que el visitante o visitante potencial ha demandado.

A continuación, se enumerarán las diferentes fuentes de información que las oficinas de turismo utilizan para poderse informar y dar al cliente una respuesta satisfactoria y de calidad. Las fuentes de información pueden dividirse y clasificarse atendiendo a diferentes criterios, que se pasarán a numerar en las siguientes líneas.

- **Fuente gratuitas o de pago:**

  Las primeras son las más numerosas y la oficina de información turística tendrá que utilizarlas mayoritariamente debido al ahorro económico que suponen.

- **Fuentes impresas o digitales:**

  Las fuentes impresas son las que utilizan el papel como soporte: revistas, catálogos, folletos, trípticos, etc.

  Las fuentes digitales son las que están en formato electrónico: también las revistas, catálogos, folletos o trípticos pueden estar en formato digital y es cada vez más habitual encontrarlos en este soporte. Todas las oficinas de turismo han digitalizado sus mapas, trípticos, folletos y catálogos con el objetivo de ahorrar papel y recursos económicos; además, también facilitan al turista su utilización porque pueden llevarlos en el teléfono móvil y tenerlos accesibles en cualquier momento y lugar.

- **Fuentes públicas o privadas:**

  Las fuentes públicas son las que proporcionan los organismos o entidades públicas, y suelen estar disponibles para cualquiera que quiera localizarlas y analizarlas. Pueden ser estadísticas del INE, informes de Turespaña, páginas webs de las administraciones, etc.

  Las fuentes privadas pertenecen a una empresa u organización privada —por ejemplo, un hotel— y es necesario contactar con la empresa para solicitar la información correspondiente.

  Además de todas estas clasificaciones, hay otro criterio para ordenar o dividir las fuentes de información. Se trata de la clasificación más habitual o aceptada, y lo que hace es analizar la procedencia de la información. Así, esta clasificación divide las fuentes de información turística en fuentes internas y fuentes externas.

- **Fuentes internas y fuentes externas:**

  Las fuentes internas son las que han sido generadas dentro de la oficina de información turística. Son fruto del análisis y trabajo del personal de la propia oficina y de las personas que trabajan en ella. Algunos ejemplos pueden ser las estadísticas que se hacen para conocer el perfil del visitante de la oficina (procedencia, edad, tipo de información demandada, etc.), los listados de alojamientos de la ciudad, o los folletos que la oficina ha diseñado y redactado para promocionar el destino turístico.

Las fuentes externas son las que proceden del exterior de la oficina de información turística. Algunos ejemplos pueden ser los catálogos o folletos turísticos que publica el Departamento o Consejería de turismo de la comunidad autónoma, las estadísticas que realiza el ayuntamiento sobre las pernoctaciones o el número de visitantes recibidos en un periodo concreto, los folletos o la página web de las empresas turísticas de la región, webs de ayuntamientos o destinos turísticos, estadísticas e informes de la OMT o del INE, etc.

También es importante tener en cuenta que el turista actual tiende a solicitar con menor asiduidad la información en la oficina de turismo. El cliente cada vez es más autónomo y decide localizar la información por su propio pie, indagando en distintas fuentes, redes sociales o páginas web.

El nuevo turista basa la búsqueda de la información turística en la red, y cualquier tipo de información que localice puede ser muy influyente en la toma de su decisión final.

Según el estudio denominado «Hábitos y comportamientos del turista español para el verano 2022» (el último que se ha realizado hasta la fecha), elaborado por el Observatorio Nacional del Turismo Emisor (ObservaTUR), a la hora de planificar sus viajes y organizar sus vacaciones, los españoles recurren principalmente a tres fuentes de información, que son, por importancia, las siguientes: los portales especializados, las guías de viajes y las opiniones de los viajeros.

Para extraer los datos del informe, se realizaron encuestas a 1.000 personas. Así, se ha podido saber que la principal fuente de inspiración de los viajeros a la hora de programar sus viajes son los portales especializados: blogs, webs de viajes… De estas fuentes sacan información para programar sus viajes: qué ver, qué hacer, etc., en sus destinos vacacionales. El 86 % de los consultados afirmó utilizar estas fuentes antes o durante su viaje.

Las guías de viaje están en segundo lugar, siendo utilizadas por el 75 % de los encuestados.

Las opiniones de otros viajeros son valoradas y tenidas en cuenta por el 71 % de los turistas, que las consideran útiles y fiables a la hora de planificar su viaje, así como para elegir el destino y los alojamientos más adecuados a sus necesidades.

En otro estudio anterior de Hosteltur, el 85 % de los encuestados admitió que las fotografías, vídeos y comentarios de las redes sociales influyeron de forma directa en la planificación de sus vacaciones. Además, el 93 % de los encuestados afirmó que las webs de opiniones como Tripadvisor y otras similares influyeron en las decisiones relacionadas con su viaje.

Se ha constatado también que si las empresas turísticas aumentaran el número de imágenes y vídeos que tienen publicadas en las webs de las agencias de viajes virtuales, aumentaría tanto el número de reservas recibidas como la facturación final. Asimismo, el estudio anterior también ha revelado que, si los establecimientos hoteleros aumentaran el número de opiniones que los clientes escriben en webs como Tripadvisor, aumentarían un 3 % las reservas en su alojamiento.

Todo ello deja en evidencia la importancia de prestar atención a las imágenes que las empresas turísticas poseen tanto en su web como en las páginas de los organismos turísticos. También hay que percatarse de la necesidad de que las empresas controlen y coordinen las imágenes y comentarios que los clientes plasman en las redes sociales y en las webs de opiniones. Por ello, estos últimos años ha nacido la figura del Community Manager, un perfil profesional de suma importancia en las empresas turísticas.

El Community Manager es el profesional que se dedica a gestionar y administrar la comunidad online que gira en torno a la empresa. Una de sus principales funciones es crear y mantener las relaciones con sus clientes —utilizando la red como canal de comunicación— y con cualquier usuario interesado en la marca y en sus servicios.

1.3. Técnicas de registro, archivo y actualización de información turística

En las páginas anteriores se han analizado las tipologías de demandas de información que se pueden recibir en una oficina de información turística, así como las fuentes de información que se utilizan después para dar respuesta a dichas peticiones. En las siguientes líneas se estudiará la importancia de registrar y archivar la información turística.

En las oficinas de información turística se trabaja con muchísima documentación en formato papel que debe ser archivada. Esta información no puede archivarse de cualquier manera y en cualquier lugar, hay que seguir un orden y unos protocolos previamente establecidos por los responsables de la oficina de turismo.

El registro implica realizar un control de todos los documentos que entran y salen de la oficina de información turística. A la hora de realizar el registro de la documentación, es necesario codificarlos para posteriormente poderlos archivar y llevar el control de los mismos.

En el caso de las oficinas de turismo, también es necesario registrar todo el material turístico (mapas, folletos, guías, etc.): tanto el que se recibe en la oficina como el que se envía a otros organismos. Es una forma de estar en conocimiento en todo momento del *stock* que hay de un determinado documento, para poder realizar los pedidos oportunos antes de que se agote la documentación.

El archivo se refiere a guardar de forma ordenada y lógica los documentos. Se tendrá que realizar de una forma eficaz y eficiente para que posteriormente puedan localizarse de forma rápida y sencilla cuando sea necesario. La principal función del archivo es la conservación de los documentos. Las empresas turísticas tienen la obligación, por ley, de conservar durante algunos años una serie de documentos por si la Administración solicita su presentación: facturas, reservas, etc.

En el caso de las oficinas de turismo, también es de suma importancia archivar la documentación en el almacén o almacenes correspondientes. Como se detallará en futuros capítulos, es necesario seguir unos criterios para archivar u ordenar el material turístico en los almacenes: pueden ser criterios geográficos, por tipologías de turismo, etc. Estos criterios tendrán que ser conocidos por todo el personal de la oficina de turismo para que cualquier informador pueda realizar tareas de inventariado y archivo. Además, también será necesario conocer dicha información para que puedan localizar de forma rápida y eficaz la documentación que demandan los usuarios.

En cuanto a la actualización de la documentación, es totalmente imprescindible tener actualizada la documentación y la información con la que se trabaja en la oficina de información turística. Las actualizaciones son añadidos o modificaciones que se le realizan al documento original con el objetivo de mejorar o corregir datos erróneos y/u obsoletos.

Es totalmente inadmisible entregar a un cliente un folleto o plano que contenga errores, datos obsoletos o cuya información esté incompleta. Por eso, es de suma importancia que los informadores turísticos inviertan parte de su tiempo en verificar que toda la documentación que se utiliza en la oficina está actualizada.

El hecho de facilitar información errónea u obsoleta a un usuario de la oficina de información turística puede derivar en múltiples problemas:

- Muy posiblemente el cliente se dará cuenta del error en algún momento de su estancia. Ya sea cuando llame al museo y vea que el teléfono que se le ha facilitado en la oficina de información turística ya no existe, cuando acuda a la farmacia que se le ha indicado en la oficina y se percate de que ha cambiado de ubicación, cuando visite la catedral y compruebe que los precios de las entradas y visitas se han incrementado, o cuando vaya a un restaurante y se lo encuentre cerrado porque el horario y/o fechas de cierre han sido modificados sin que la oficina de turismo esté en conocimiento de ello. Todas estas situaciones crearán un malestar en el cliente y, muy posiblemente, la consecuencia será un enfado y una posterior queja o reclamación.

- El usuario de la oficina de turismo quedará insatisfecho con su experiencia de viaje y se llevará una mala percepción del destino en general. Sus expectativas no se habrán visto satisfechas y sus necesidades no habrán sido cubiertas. Esto hará que hable mal del destino a sus conocidos, que inserte comentarios negativos en varios foros o webs de internet, etc. Además, el cliente ya no repetirá su experiencia de viaje en el mismo destino y, en caso de que fuera un cliente fiel, podría dejar de serlo.

- Esta situación de falta de calidad se haría palpable de forma global y ello derivaría en una mala imagen que la sociedad podría ir formándose del destino turístico. Los clientes potenciales podrían tener una percepción negativa del destino y este hecho tendría consecuencias más graves como pérdida de visitantes, falta de lealtad hacia el destino turístico por parte de los clientes ya fidelizados, entre otras.

La actualización de la información turística es imprescindible. Si el turista se lleva una imagen favorable del destino, su satisfacción global con el mismo se verá aumentada. Como consecuencia, si la satisfacción del turista se ve aumentada, se conseguirá fidelizar clientes. El destino tendrá así clientes fieles que hablarán favorablemente del destino a sus conocidos: estos clientes potenciales podrían convertirse en clientes reales en un futuro cercano, y en clientes repetidores y fidelizados en un futuro a medio plazo.

1.4. Sistemas y medios para la localización y obtención de la información turística

En este apartado se analizan cuáles son los medios más adecuados que se utilizan en la oficina de información turística para localizar u obtener la información que se necesita para llevar a cabo la labor diaria de los informadores turísticos. Así, en las siguientes líneas se analizará cómo se obtienen los datos y la información que se necesita para poder informar al cliente y responder a sus dudas y cuestiones.

Como se explicará más adelante, las oficinas de turismo deben de tener un protocolo de actuación que les permita ofrecer un servicio homogéneo, sin importar qué informador turístico está ofreciendo el servicio en cada momento. Dicho protocolo consiste en tener estipulados unos procedimientos que todos los trabajadores deberán de llevar a cabo en función de la demanda que se reciba en la oficina. Estas demandas pueden ser presenciales, telefónicas o también pueden llegar vía *e-mail*. Además, en función de la tipología de la información demandada pueden ser muy diversas. Estos son algunos ejemplos de peticiones o demandas de información que reciben las oficinas de turismo:

- Información turística en general. Como se ha hablado en otro apartado, un cliente puede demandar información sobre recursos turísticos, alojamientos, transporte, etc.

- Petición de folletos turísticos. Además de los folletos que piden los turistas que tienen como objetivo prioritario visitar el destino turístico, es muy habitual que los vecinos de la localidad acudan a la oficina de turismo para solicitar mapas y documentación turística. Los fines pueden ser diversos: para entregar o regalar a familiares o amigos que viven fuera, para que los hijos realicen algún trabajo en la escuela, etc.

- En el caso de los estudiantes que cursan estudios relacionados con el turismo (FP, universidad…), es habitual que estos acudan a una oficina de información turística para solicitar información y documentación con el fin de realizar trabajos, proyectos fin de grado o fin de máster, exposiciones, etc.

- Los investigadores o doctorandos y profesionales del sector solicitan datos estadísticos y cifras sobre el perfil y número de visitantes de la oficina, procedencia de los mismos, etc.

- Por su parte, los periodistas suelen demandar fotografías del municipio y de sus recursos turísticos. También suelen solicitar información sobre eventos futuros que se desarrollarán en el destino turístico.

- Venta de *souvenirs*. Este servicio lo demandan tanto los turistas como los vecinos de la zona, que suelen comprar *souvenirs* y productos artesanales y locales. Entre los *souvenirs* destacan las postales, los libros, los bolígrafos, las tazas… Suelen tener estampado el logotipo, eslogan o nombre del destino turístico. Entre los productos artesanales, los más habituales suelen ser vino, miel, mermeladas, alpargatas, cuchillos y navajas, etc., en función de las costumbres y tradiciones locales de cada región.

Para dar una respuesta de calidad a estas demandas de información y satisfacer al usuario, los informadores turísticos deben consultar los datos necesarios. Es necesario que extraigan los datos y la información de una o varias fuentes. Por lo tanto, se hace imprescindible que el informador sepa reconocer y analizar las distintas fuentes, y que conozca la utilidad o fiabilidad de cada una de ellas, sabiendo diferenciar las más beneficiosas en cada momento o para cada tipo de demanda y usuario.

La principal fuente de búsqueda de información son las páginas web oficiales del destino turístico. Suelen ser varias las páginas web que ofrecen información turística, ya que cada organismo turístico tiene una página web oficial: la web municipal (del ayuntamiento), la de la diputación, la de la comunidad autónoma, la de Turespaña (de ámbito estatal), etc. Por lo tanto, hay un amplio abanico de posibilidades y opciones a la hora de elegir la fuente para localizar la información demandada por el usuario.

Así, por ejemplo, en el caso de Mérida, podríamos recurrir a las siguientes webs:

- Página web de Turespaña: www.spain.info

  En esta web se puede localizar información turística sobre cualquier destino de ámbito estatal, ya que Turespaña tiene como objetivo promocionar España como destino turístico. Por lo tanto, sería una opción posible a la hora de tener que localizar información sobre Mérida.

- Página web de la Junta de Extremadura: https://www.turismoextremadura.com/

  Esta es la web oficial de turismo en Extremadura, por lo que es posible obtener información turística de cualquier municipio o recurso turístico de la comunidad.

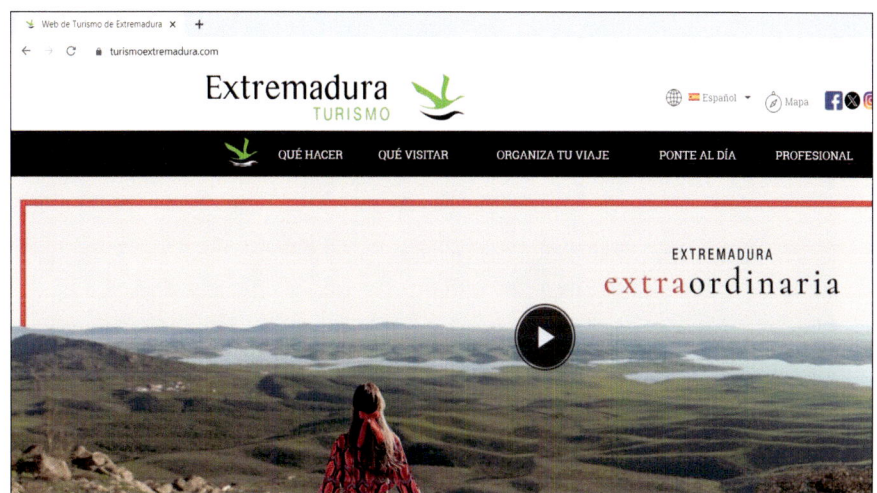

- Página web de la Diputación de Badajoz: https://turismoapps.dip-badajoz.es/

  Por tratarse de la web oficial de turismo de la Diputación de Badajoz, se ofrece información turística de todos los destinos y recursos turísticos que forman parte de la provincia de Badajoz. Por lo tanto, será otra fuente a valorar a la hora de localizar información turística de Mérida.

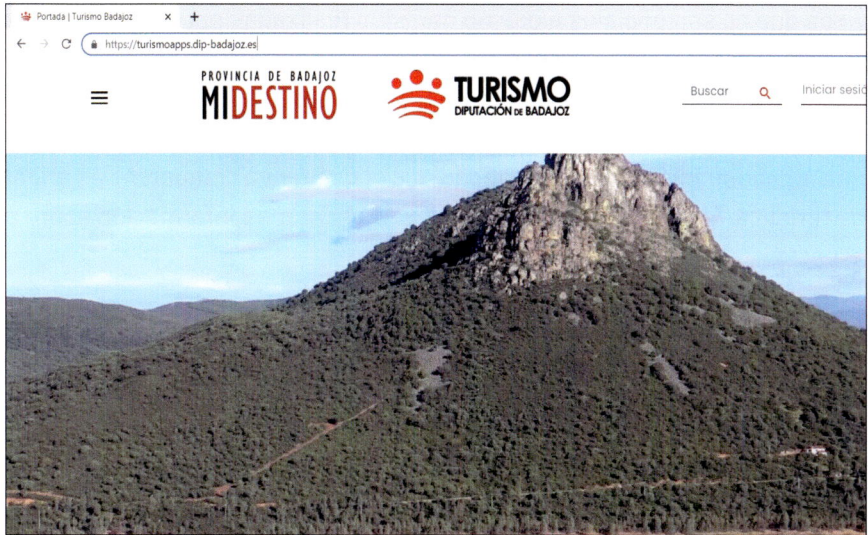

- Página web del Ayuntamiento de Mérida: https://turismomerida.org/inicio/

  Por tratarse de la web oficial de turismo del Ayuntamiento de Mérida, se podrá localizar información relacionada con todos los servicios y productos turísticos de la localidad.

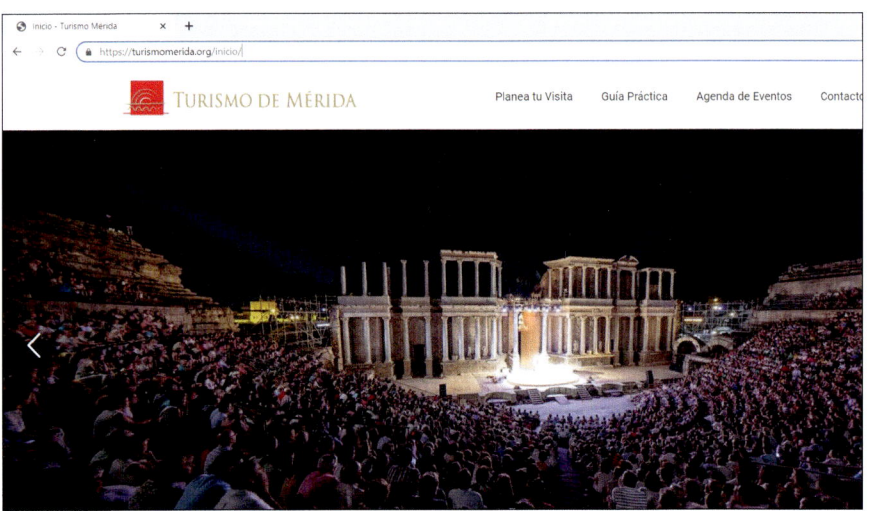

Cualquiera de estas páginas webs será igual de válida y fiable para localizar datos turísticos que nos permitan satisfacer las demandas de nuestros clientes. Todas las webs mencionadas en las líneas superiores son páginas oficiales que pertenecen a las distintas administraciones públicas, por lo que todas ellas proporcionarán al visitante información veraz, real, actualizada y concreta.

No obstante, hay que tener en cuenta que en la red hay infinidad de páginas webs que no son oficiales y que no han sido realizadas por ningún organismo público. Por lo tanto, es necesario que el informador turístico sepa distinguir entre una web oficial y otra que no lo es. El informador que preste sus servicios en una oficina de turismo únicamente podrá utilizar las páginas que provengan de una Administración pública o entidad oficial que tenga competencias en materia turística. En el siguiente apartado se detallará más información sobre este aspecto.

1.5. Metodologías para el análisis, contraste y archivo de la información

A lo largo de este manual se ha hablado ya de los tipos de demandas que existen en una oficina de información turística, de las fuentes de información que se utilizan para dar respuesta a esas solicitudes de información, y también se ha analizado la importancia de seleccionar las fuentes más adecuadas y fiables. En este apartado se estudiará cómo analizar y contrastar —como indica el nombre del apartado— dichas fuentes para utilizar únicamente aquellas que sean totalmente fiables a la hora de ejercer nuestra labor como informadores. Posteriormente se analizará cómo archivar dicha información.

Existen páginas web que facilitan información turística pero que no son oficiales, debido a que no las ha creado ningún organismo público o administración con competencias en materia turística. Esto puede crear confusión y llevar a error al informador, así como a cualquier turista potencial que quiera viajar a un destino. Suele ser fácil equivocarse, ya que las webs no oficiales crean confusión en sus lectores, que en ocasiones piensan que están en una web oficial cuando en realidad no lo es. Para explicar esto, se detallará el ejemplo de Sevilla. Se expondrán a continuación las webs en las que un informador o turista potencial puede localizar información sobre esta ciudad andaluza.

Primero, se detallarán las páginas webs oficiales y totalmente fiables.

• Como en el caso anterior, se puede localizar información turística de Sevilla en la web de Turespaña, concretamente en el siguiente enlace:

https://www.spain.info/es/destino/sevilla/

• Además, la Junta de Andalucía también proporciona información de la ciudad en su página web oficial de turismo:

https://www.andalucia.org/es/sevilla

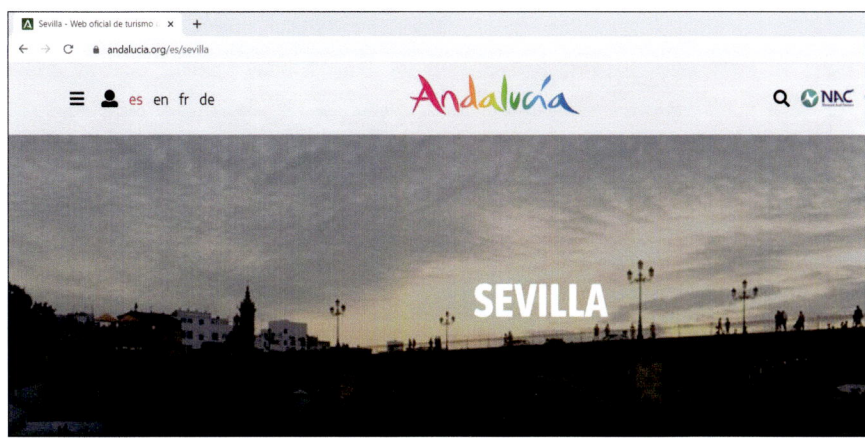

- La Diputación de Sevilla pone a disposición de los interesados la siguiente página web, con información turística sobre los productos, destinos y servicios turísticos de la provincia de Sevilla. Por lo tanto, en esta web también es posible localizar información sobre Sevilla capital:

https://www.turismosevilla.org/

- El Ayuntamiento de Sevilla también facilita información turística fiable y de interés en el siguiente enlace:

https://www.sevilla.org/actualidad/sindicacion/turismo

No obstante, la información que proporciona este portal web no está relacionada con los recursos turísticos ni con datos prácticos y útiles para el turista. Más bien es una base de datos de distintas noticias de actualidad y notas de prensa relacionadas con eventos turísticos.

- Además, el Consorcio de Turismo de Sevilla ofrece información turística oficial de la ciudad en una página web creada a tal efecto. Este consorcio, denominado Contursa (Congresos y Turismo de Sevilla, S. A.) es una empresa pública de capital municipal y fue creada en el año 2000 con el objetivo de establecer una estrategia común entre todos los agentes implicados en el turismo de la ciudad. En la actualidad lo componen las siguientes entidades: Confederación Empresarial Sevillana (CES), Cámara Oficial de Comercio, Diputación de Sevilla, Junta de Andalucía y Ayuntamiento de Sevilla. A su vez, este organismo integra el Convention Bureau —organismo dedicado a la captación y organización de congresos en la ciudad—. La página web que el consorcio ha creado para promocionar el turismo en la ciudad es la siguiente:

https://visitasevilla.es/

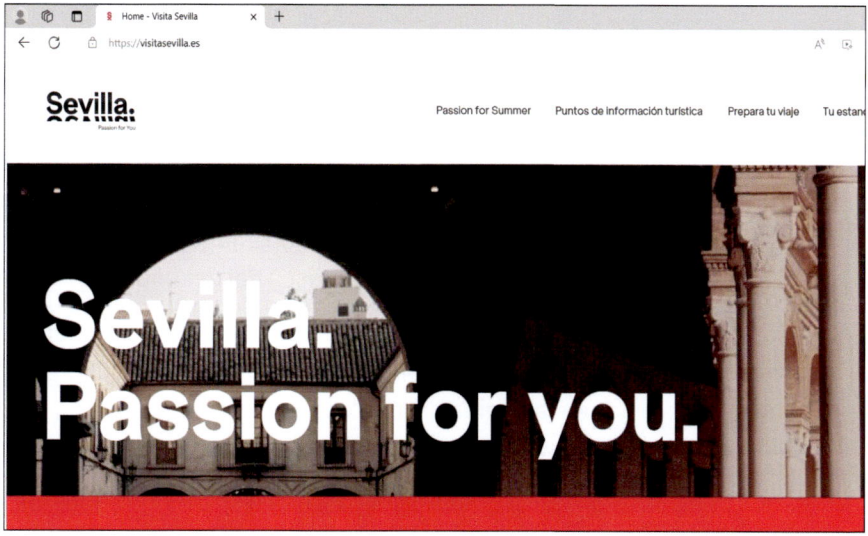

Además de estas webs oficiales, al escribir en Google «turismo Sevilla» se pueden encontrar muchísimas páginas web que podrían inducir al error. Se trata de webs que ofrecen información turística de Sevilla, pero no son oficiales: la información que ofrecen puede contener errores, puede no ser veraz y seguramente no esté actualizada. Es relativamente sencillo para un profesional del sector turístico que ha recibido la formación adecuada saber apreciar las diferencias y reconocer una web oficial de una que no lo es. No obstante, para las personas que no estén habituadas a utilizar estas fuentes e incluso para los estudiantes de turismo o los profesionales en prácticas que comienzan a dar sus primeros pasos en el mundo laboral puede ser complicado localizar las diferencias de una página web oficial de una no oficial.

Por ello, a continuación se darán algunos consejos o pautas a seguir para analizar las webs y poder percibir fácilmente cuáles son las oficiales:

- El logo es el distintivo más importante de la web. Todas las páginas webs oficiales llevarán el logo del organismo que corresponda, ya sea el del ayuntamiento, diputación, comunidad autónoma, etc. Una web que no lleve logo ya está indicando que no se trata de una web oficial. Generalmente las páginas oficiales llevan en la parte superior de la página de inicio una cabecera con los colores corporativos y con el logo del organismo correspondiente. También suelen tener en la parte superior el eslogan turístico del destino, marca turística, etc.

- Además, las webs que no pertenecen a un organismo turístico oficial suelen ser menos visuales y atractivas para la vista. El diseño no está tan trabajado, el formato es más básico y, en muchas ocasiones, suelen ser antiguas y/o recuerdan a los portales que había hace ya varios años o incluso décadas.

  No invierten tantos recursos económicos en el diseño de la web, y esto es algo que se nota de forma rápida y sencilla. Las webs que no son oficiales son más simples, tienen menos colores, están menos trabajadas y apenas tienen imágenes o, si las tienen, son de mala calidad y de pequeño tamaño. Por el contrario, las páginas oficiales suelen tener grandes fotografías, de muy buena calidad y con colores muy vivos: son imágenes muy atractivas que muestran los principales recursos turísticos del destino.

  En los portales oficiales también suelen incluirse vídeos de presentación o vídeos promocionales que el mismo organismo ha realizado y, generalmente, suelen estar en la página de inicio, cerca del eslogan que da la bienvenida al visitante. Las webs que no son de organismos públicos y oficiales carecen de estos vídeos promocionales.

- Por otra parte, las webs oficiales rara vez insertan publicidad de empresas privadas, pero las páginas no oficiales suelen tener muchísimos *banners* promocionando empresas de cualquier sector, ya que esta suele ser su principal fuente de financiación.

- Normalmente las webs no oficiales han sido realizadas por alguna asociación o confederación de alojamientos o por alguna empresa dedicada a la venta de servicios turísticos en la zona, con el objetivo de que el turista potencial llegue a la web y reserve algún servicio de los ofertados en el sitio. Para saber quién es el propietario de la página web, es recomendable ir a la parte inferior, al apartado denominado «Aviso legal». Es obligatorio que todas las páginas web tengan este apartado: no tenerlo ya es una señal de que estamos ante una web no oficial.

Al revisar este aviso legal, es posible saber quién está detrás de la web, y de manera fácil y fiable se podrá saber a quién pertenece el portal: a un ayuntamiento, al ministerio, a una agencia de viajes, a una persona particular, a un hotel…

Es imprescindible saber diferenciar estas webs para utilizar solamente las fuentes y webs oficiales, por ser las únicas fiables que contienen información totalmente actualizada y verídica. Un buen profesional del sector turístico no debería utilizar nunca una fuente que no es oficial, debido a que la información suele estar obsoleta, en algunas ocasiones pasa mucho tiempo hasta que se actualizan los datos e incluso hay webs que están ya abandonadas por parte de su propietario desde hace años. También es habitual que contengan información errónea, que los horarios o datos de los monumentos no estén actualizados, que hablen de empresas que ya no existen o que solo nombren algunas empresas turísticas (en lugar de hacer referencia a todas ellas, que es lo que una buena web fiable y oficial tiene que hacer).

A continuación, se expondrá un listado de páginas web **no oficiales** que contienen información turística de Sevilla. Así, el alumno podrá percibir las diferencias y aprenderá a diferenciar y reconocer una web oficial de una que no lo es.

- Sevilla Guía: http://www.sevillaguia.com/

  Esta página pertenece a una empresa privada dedicada a la promoción y venta *on-line* de entradas de espectáculos y actividades de turismo y ocio. No incluye el logo ni eslogan del organismo turístico. Además, tiene un gran *banner* publicitario en la parte superior, que domina toda la página: este es otro dato significativo que indica que no se trata de una web oficial.

- Viajar a Sevilla: http://www.viajarasevilla.com/

Además de ofrecer información turística de Sevilla (alojamientos, eventos, recursos turísticos, restaurantes, etc.), la web ofrece un foro para que cualquier persona pueda compartir su experiencia en la red. También es posible solicitar ayuda o consejo a otros viajeros.

Esta página web no deja claro a qué organismo pertenece, pero tampoco incluye ningún eslogan turístico ni el logo del organismo pertinente. También se aprecia una diferencia muy grande con respecto a las páginas web oficiales: el diseño, la calidad del color y de las imágenes, etc. En un apartado del portal consta que la web únicamente tiene fines informativos —al contrario que la anterior— y que no se cobra por ningún servicio ofrecido. También advierten de que la información facilitada puede no ser fiable y no estar actualizada: esta es otra importante muestra de que no es una web oficial, puesto que, si lo fuera, la información sí que sería fiable y estaría totalmente actualizada.

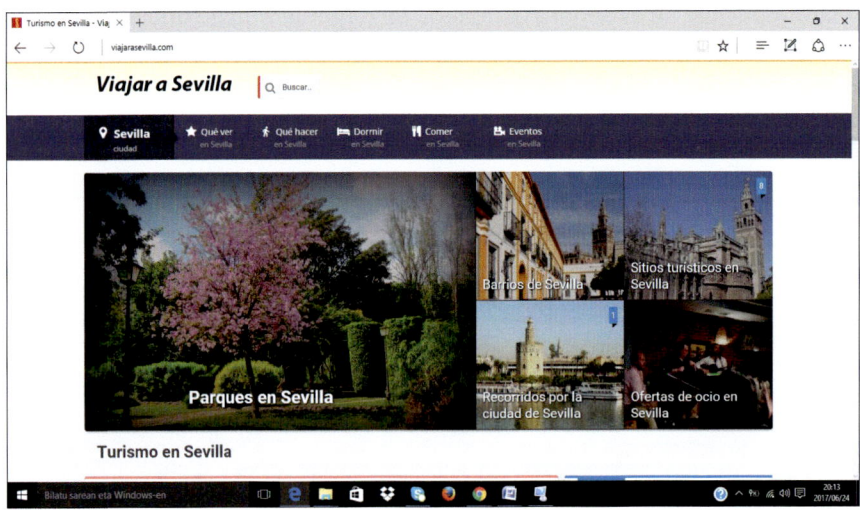

- Sevilla on line: http://www.sevillaonline.es/sevilla/

Ofrece información turística de Sevilla en diferentes idiomas. Aunque tampoco deja constancia de quién está detrás de la web (ya se ha explicado antes que muchas de las webs no oficiales carecen del apartado «Aviso legal»), es fácilmente visible la diferencia con respecto a las webs oficiales. Es una web muy simple. Es muy incómodo navegar por ella, cuesta buscar o encontrar la información que se necesita, contiene infinidad de anuncios publicitarios... La parte superior también deja en evidencia que no es una web oficial, puesto que no contiene el nombre del destino turístico, ni mucho menos tiene el eslogan o logo.

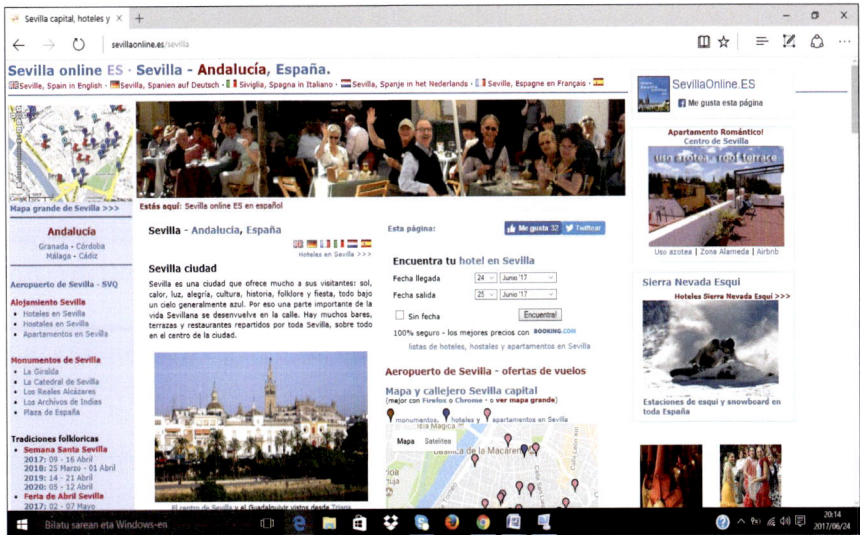

- Viaje Jet: http://www.viajejet.com/guia-turistica-de-sevilla/

Aunque tampoco puede localizarse en la web al propietario de este portal, en apariencia es similar a un blog en el que se van publicando entradas relacionadas con el turismo en Sevilla. Ofrece información para que el visitante pueda descubrir hoteles, conocer recursos turísticos o recibir recomendaciones de restaurantes. Los autores del sitio añaden que es una web que tiene como fin que el turista potencial reciba consejos de forma gratuita.

También tienen una página de Facebook en la que van colgando noticias de actualidad o curiosidades de cualquier lugar del mundo, todas ellas relacionadas con el turismo y los viajes.

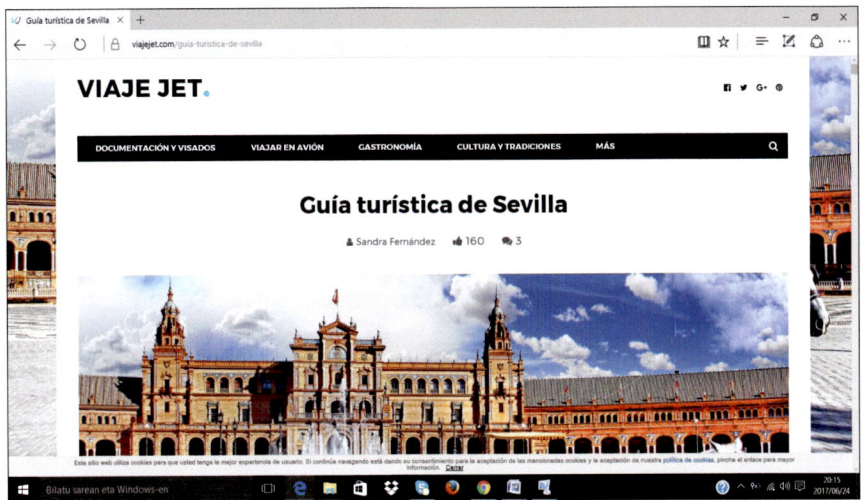

- Visitar Sevilla: http://www.visitarsevilla.es/

  Se trata de un portal de reservas en el que se pueden localizar diversos servicios como alojamientos, visitas guiadas, actividades y experiencias (turismo activo, gastronomía, deportes, cultura, etc.). Aunque en la parte inferior de la web han insertado el logo de la Junta de Andalucía, junto a este logo indican que son una guía privada de Sevilla y que ofrecen ayuda para realizar reservas de alojamientos y, actividades al mejor precio. Así, dejan claro que detrás de la web no está la Administración pública, sino una empresa privada. Seguramente, funcionarán como agencia de viajes y se llevarán una comisión por las ventas realizadas a través de esta página web.

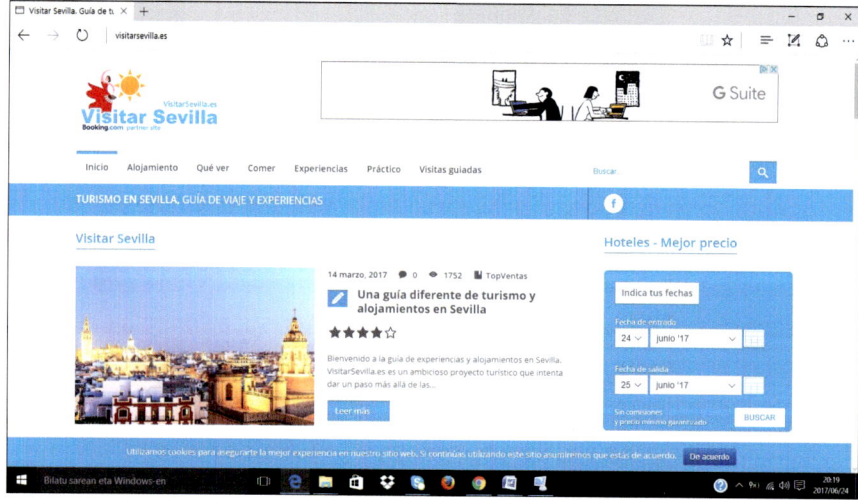

Aunque hasta ahora se ha hablado únicamente de la información en formato electrónico, antes de que esta metodología de archivo de información llegara a las oficinas de turismo, toda la documentación estaba en soporte físico, esto es, en papel. Existen infinidad de publicaciones como folletos, guías, mapas, planos, catálogo, trípticos, dípticos, etc., que publican los distintos organismos públicos (diputaciones, ayuntamientos, etc.), para promocionar el destino turístico. Esta documentación puede solicitarse gratuitamente en cualquier oficina de turismo.

Tras haber analizado y contrastado las fuentes de obtención de datos e información turística, es necesario explicar cómo se archiva dicha información. Con respecto a la información electrónica, el archivo se hace en los equipos informáticos de la oficina de información turística. En el caso de las redes de oficinas de turismo, todos los equipos están conectados para que desde todas las oficinas se pueda tener acceso a esa base de datos común que todas las oficinas se encargan de alimentar, aumentar, mejorar y actualizar.

Pero, con la documentación en papel, el archivo se hace más complicado. Se requiere de un espacio físico en el que dicha documentación pueda guardarse y archivarse correctamente. Es imprescindible contar en el almacén con un *stock* suficiente de folletos, mapas, guías, etc., para asegurarse de que se podrá prestar el servicio turístico con total normalidad, independientemente de la afluencia de visitantes que se reciban.

En el caso de Euskadi, en el Artículo 5 del Decreto 279/2003, de 18 de noviembre, por el que se crea la Red Vasca de Oficinas de Turismo se detallan los espacios interiores con los que tendrán que contar las oficinas de turismo adheridas a la red. Entre otras zonas se exige que las oficinas dispongan de «una zona de almacén suficiente». Obviamente, en función del tamaño de la oficina de turismo y de la cantidad de material en papel con el que trabaje, el espacio destinado a almacén será de mayor o menor tamaño.

La zona de almacén estará ordenada en función a los criterios de la propia oficina. Cada oficina será la que decida cómo clasifica la documentación de la que dispone. No obstante, es recomendable conocer algunas pautas generales o básicas a la hora de clasificar y ordenar dicha documentación:

- Generalmente suele clasificarse siguiendo criterios geográficos: en una zona se archivará la información turística de la localidad, en otra la de la comarca, en otra la de la provincia, en otra la de la comunidad autónoma y, en otra, la información estatal. No obstante, en función de la documentación (en cuanto a variedad y cantidad) que cada oficina posea, se podrá ordenar como se considere oportuno basándose en las decisiones que se tomen al respecto.

- También pueden seguirse otros criterios a la hora de archivar y clasificar la información turística. Por ejemplo, otro criterio bastante utilizado es ordenar la documentación en función de los productos turísticos: en una zona la documentación relacionada con el senderismo y turismo verde, en otra la referente al turismo de congresos y turismo urbano, etc. De esta forma, toda la información de una misma temática estaría ubicada en el mismo lugar, aunque corresponda a distintos destinos turísticos.

- Otro criterio menos utilizado es el de ordenar los documentos por orden alfabético.

- También es recomendable ubicar más cerca de la puerta la documentación más demandada, aquella que con más asiduidad es necesario reponer, para facilitar la labor de los informadores y evitar así pérdidas de tiempo innecesarias. Además, se intentará poner en las baldas más altas —en aquellas para las que sea necesario subirse a una escalera— la documentación que menos se utilice.

- El criterio con el que se ordene, archive y clasifique la documentación tendrá que ser conocido por todo el personal de la oficina de turismo.

- Es imprescindible que el almacén se encuentre bien iluminado. Además, se evitará colocar la documentación en zonas húmedas, para así asegurar la buena conservación del material.

Es importante llevar un registro periódico de la documentación que se va sacando del almacén, realizando inventarios semanales o mensuales para así poder hacer los pedidos necesarios de aquella documentación que se prevea que se agotará en un plazo breve de tiempo. Es imprescindible anticiparse a la hora de realizar los pedidos para así evitar que un determinado documento se agote antes de haber recibido el pedido.

1.6. Soportes de la información: papel, electrónico

Existen diferentes tipos de soportes para obtener la información o documentación turística: el papel o formato físico y el electrónico o digital.

Diferentes tipos de información turística en soporte papel: folletos, catálogos, revistas, mapas y planos.

La información en formato papel es la documentación turística habitual que se maneja en la oficina de turismo en el día a día: guías, folletos, mapas, planos, etc. Generalmente esta documentación se le facilita al usuario de la oficina de turismo cuando se acerca presencialmente a solicitar información. Además, la mayoría de oficinas de turismo envían gratuitamente información turística por correo ordinario al domicilio de los interesados, previa demanda de dicha documentación. Esto es, cualquier persona que necesite información y documentación turística de un destino que prevé visitar, puede llamar o enviar un *e-mail* a una oficina de información turística de la zona de interés y desde la oficina se le enviará un sobre a su domicilio con planos, folletos y mapas del lugar. No obstante, cada vez son más las oficinas de turismo que han dejado de prestar este servicio debido a los costes tan elevados que conlleva. Hoy en día cualquier documentación puede enviarse por correo electrónico en formatos digitales, por lo que el papel no es tan necesario como lo era hasta hace algunos años.

A continuación se expondrán varios ejemplos de documentación en formato papel que se utilizan en una oficina de turismo:

• **Folletos:**

Los folletos pueden ser temáticos, como por ejemplo: «Turismo cultural en Guadalajara», «Turismo de naturaleza de la provincia de Ourense», «Turismo de salud en Murcia», «Turismo de sol y playa en Benidorm», «El Camino de Santiago a su paso por la provincia de León», etc.

Para conocer un caso práctico, la web de la Diputación de Soria que contiene información turística (www.sorianitelaimaginas.com) clasifica la información en función de los productos turísticos que ofrece la provincia: Micoturismo, Románico Soriano, Espacios Naturales, Camino de Santiago, Ruta de los Icnitas, Lugares Machadianos, Semana Santa, etc.

Otro ejemplo es el de la Dirección General de Turismo del Gobierno de Aragón, que tiene editados varios folletos que corresponden a los distintos productos turísticos que predominan en la comunidad.

Folletos diversos de Aragón, correspondientes a distintos productos turísticos: enoturismo, turismo de salud, turismo cultural y turismo ferroviario.

Folletos denominados «Arte románico en Aragón», «Parques de Ocio en Aragón», «Aragón en Fiestas», «El Camino de Santiago por Aragón», «Actividades turístico deportivas en Aragón» y «Turismo religioso en Aragón».

En el caso de Navarra se han diseñado folletos específicos de cada uno de los espacios naturales protegidos del territorio.

En la imagen se pueden ver los folletos de la Selva de Irati y el de las Bardenas Reales.

Los folletos también pueden estar diseñados en función de criterios geográficos, subdividiendo una provincia o zona en distintas subregiones turísticas, con el fin de dividir el destino turístico, individualizar la información y ofrecer al cliente información específica de la zona que le interesa.

Folletos realizados siguiendo criterios geográficos que muestran información de las distintas comarcas turísticas de la Comunidad Foral de Navarra: Zona Media, Ribera, Cuenca de Pamplona y Pirineos.

Por otra parte, se puede realizar un folleto específico y concreto que muestre información únicamente de un museo, monumento o recurso turístico; de una empresa de turismo activo o deportiva (equitación, golf, *rafting* y actividades de aventura, etc.); de un municipio o destino turístico, etc. A continuación, se muestran algunos ejemplos:

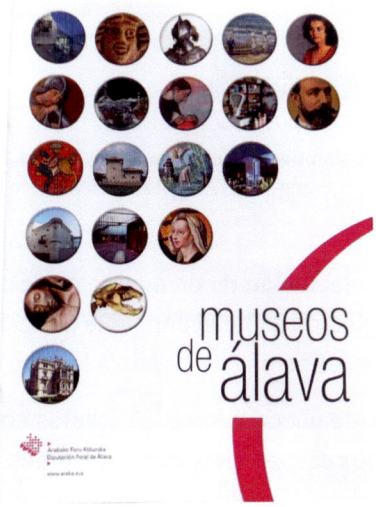

Folleto con información de los museos de la provincia de Álava.

Folletos específicos de distintos recursos turísticos de la provincia de Álava: yacimiento arqueológico de Iruña-Veleia, en el municipio de Iruña Oka (Álava); visitas guiadas a la muralla de Vitoria-Gasteiz; y la Catedral de Santa María, también en Vitoria-Gasteiz.

Folletos de distintos municipios navarros: Corella, Lunbier-Irunberri, Sangüesa /Zangotza y Villafranca.

Por último, para la celebración de un evento suele diseñarse y editarse un folleto con información de dicho evento, que principalmente consiste en la agenda y horarios de los actos que se van a llevar a cabo.

En la imagen siguiente pueden verse los folletos correspondientes al «Tercer día del Arroz de Arguedas» (Navarra), celebrado el 24 de septiembre del 2016 y la «22ª Fiesta de la Vendimia de Rioja Alavesa», celebrada en la localidad alavesa de Elciego el 20 de septiembre de 2015.

- **Mapas**

 Un mapa es una representación gráfica de una zona geográfica concreta. Generalmente son bidimensionales, pero pueden tener formas esféricas como en el caso de los globos terráqueos. El mapa puede abarcar una región o comarca de pequeña extensión, una provincia, una comunidad autónoma, un país, un continente, etc. Puede haber muchísimos tipos de mapas: mapas de climas, mapas de relieve, mapas políticos, mapas históricos, mapas hidrográficos, etc. En una oficina de turismo no se utilizan mapas tan técnicos y lo más importante es que contengan la ubicación de las principales localidades del entorno y las carreteras que unen el territorio.

- **Mapas de carreteras**

 Un mapa de carreteras es una herramienta muy útil para los turistas. Aunque hoy en día no son tan imprescindibles porque todos los viajeros disponen de GPS o una aplicación en el móvil para poder llegar a cualquier lugar, hasta hace unos años eran totalmente necesarios y esenciales para poder llegar al destino turístico y posteriormente moverse en él. Estos mapas representan el terreno con los accidentes geográficos (ríos, montañas, lagos), pueblos, etc. Además, se identifican las diferentes rutas para poder buscar el itinerario más corto para llegar a un destino: autopistas, autovías, carreteras nacionales y comarcales, etc. Todas las vías de comunicación existentes aparecen reflejadas en este mapa.

 Es importante actualizarlos frecuentemente porque es bastante habitual que se construyan nuevas carreteras. Además, el tamaño tiene que ser el adecuado, teniendo en cuenta que suelen ser consultados en el coche. Es necesario que incluya datos e información interesante pero sin llegar a ser confusos por contener demasiada letra.

Mapa de carreteras de La Rioja.

- **Planos**

  Los planos, al igual que los mapas, son representaciones gráficas de un territorio concreto. Mientras que los mapas suelen abarcar zonas más amplias o territorios más extensos (países, provincias, etc.), los planos suelen ser más concretos y, generalmente, son planos urbanos (de una ciudad o de un pueblo) los que más se utilizan en las oficinas de información turística. Estos planos urbanos son una representación de la ciudad o localidad. El objetivo de un plano es informar acerca de las calles y barrios de un determinado destino, así como de la ubicación de distintos puntos de interés: paradas de autobús, estaciones de metro o de tren, recursos turísticos y museos, oficinas de correos, oficinas de información turística, centros de salud y hospitales, farmacias, bibliotecas y centros culturales, cines, *parkings,* etc.

  Habitualmente, en el anverso suele tener la representación de la ciudad completa, tal y como se ha explicado. En el reverso se dan explicaciones y datos acerca de los distintos recursos turísticos del destino. El reverso también suele incluir la ampliación del casco histórico o zona más céntrica: esto es debido a que suele ser el sector que más visitan los turistas y, además, como generalmente se compone de varias calles de pequeño tamaño, suele ser complicado visualizarlo en el mapa del anverso, por lo que es una buena opción realizar esta ampliación de la zona céntrica.

  Para que un plano sea realmente útil, sería recomendable que cuente con la siguiente información:

  — Señalar la dirección de las calles es importante en el caso de calles de un único sentido de circulación, siempre y cuando se vaya a circular en vehículo.

— Indicar aproximadamente los números de portal es recomendable en calles largas y avenidas de gran tamaño. En grandes ciudades, en las que puede haber mil portales en una misma calle, es útil por lo menos indicar en qué lado de la calle se encuentran los números pares e impares. Así, ayudará a saber a qué altura queda una dirección.

— No obstante, lo realmente imprescindible es indicar con iconos o símbolos los principales lugares de interés que pueden ser de utilidad para el turista: estaciones de metro y tren, vías de tranvía, hospitales, oficinas de correos, farmacias, oficinas de información turística, así como los principales recursos turísticos de la ciudad.

Las zonas peatonales también es importante señalizarlas. Normalmente, suelen estar sombreadas con color azul. Las calles comerciales y principales arterias de la ciudad suelen estar resaltadas con un color amarillo, aunque también se pueden utilizar otros colores.

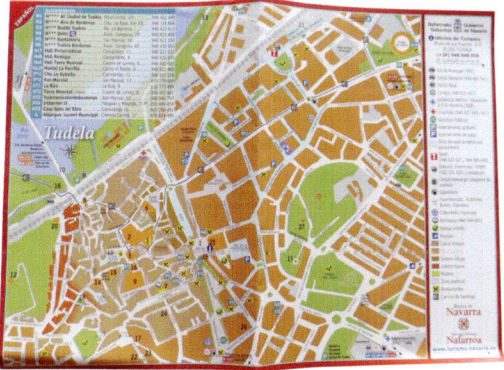

Plano de Tudela (Navarra).

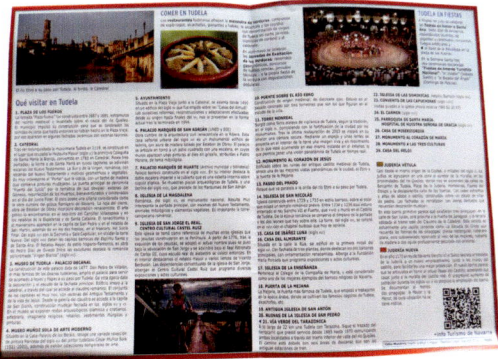

Reverso del plano de Tudela (Navarra), con la explicación de los principales recursos turísticos y monumentos de la ciudad. En esta ocasión, no se incluye el casco histórico en tamaño aumentado.

No obstante, el plano de Pamplona sí que incluye en el reverso la imagen ampliada de las calles del casco histórico, junto a la explicación de todos los monumentos y recursos turísticos de interés.

- **Mapas o planos turísticos**

Un mapa o plano turístico es el que incluye información útil para el turista. Generalmente, este tipo de mapas y planos cuentan con símbolos que muestran la ubicación de los distintos recursos turísticos del destino.

Hay muchísimos tipos de mapas y planos turísticos: algunos son planos urbanos que muestran los límites de una ciudad; otros son mapas regionales, provinciales, estatales... Otros son planos que representan únicamente el interior de un edificio y permiten al visitante realizar el recorrido a través de un museo o monumento. También existen mapas turísticos que muestran al turista el itinerario que sigue una ruta enológica o ruta del vino, una ruta de senderismo, etc.

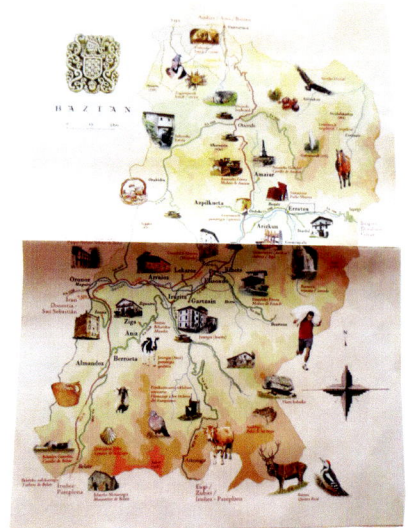

Mapa turístico del Valle de Baztan (Navarra). Además de detallar la ubicación de los pueblos de la zona, están representados los principales monumentos y recursos de interés del valle, con símbolos que se asemejan al monumento real.

Mapa turístico de la Vía Verde del Plazaola (Navarra-Gipuzkoa),
en el que se puede ver el itinerario de este recorrido y los principales
puntos de interés y/o servicios que se ofrecen al viajero.

En el siguiente enlace http://www.plazaola.org/es/viaverderecorrido se puede
ver otro mapa turístico de la misma ruta en un formato diferente: se trata de
la versión digital del plano que muestra el recorrido de la Vía Verde del Plazaola.

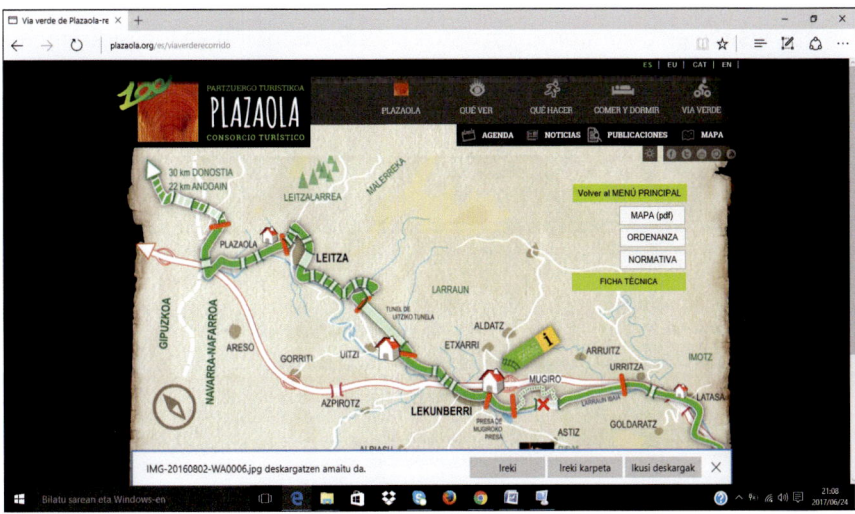

- **Listados de restaurantes y hoteles**

  Como se ha explicado anteriormente, todas las oficinas de información turística cuentan con listados con los alojamientos y restaurantes del destino turístico. A continuación, se muestra como ejemplo el de Borja, en la provincia de Zaragoza.

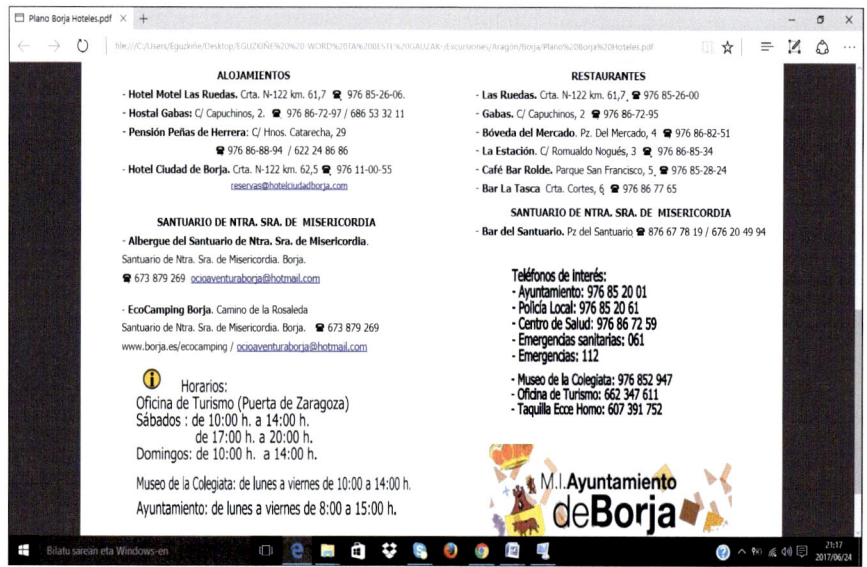

Listado de alojamientos y restaurantes del municipio de Borja, Zaragoza.

- **Listados de museos y monumentos, con horarios e información**

  También es imprescindible que las oficinas de información turística proporcionen a sus visitantes listados con los recursos turísticos y monumentos visitables del entorno. En estos listados también se incluirán fechas de
  apertura y/o cierre, horarios, precios de entrada, datos de contacto, etc.

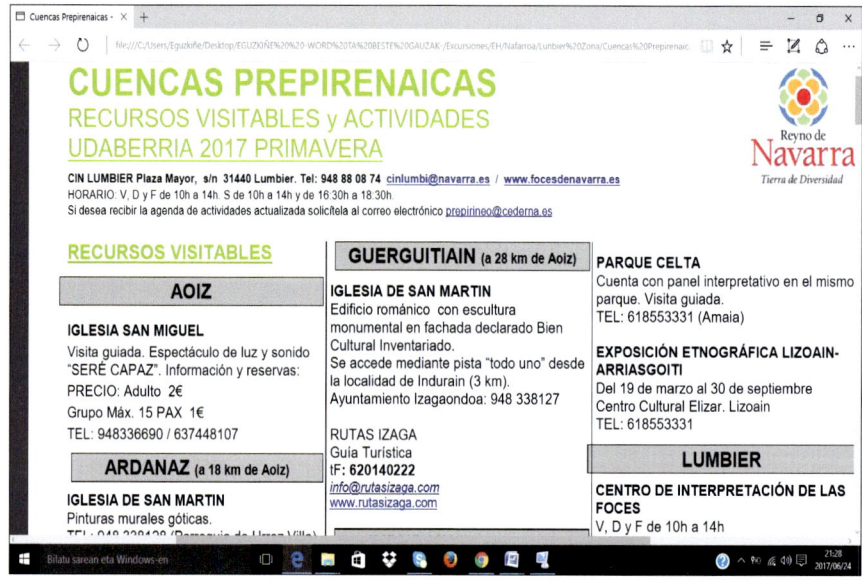

Listado de recursos turísticos visitables de las Cuencas Prepirenaicas de Navarra.

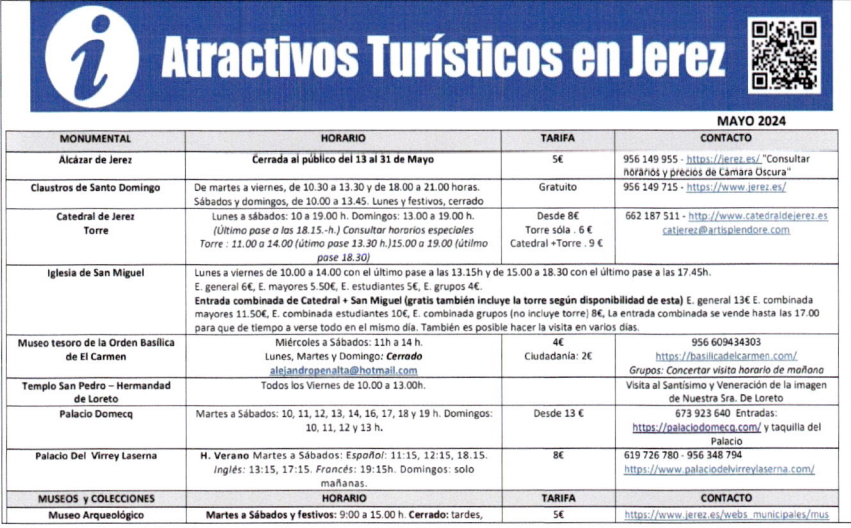

MONUMENTAL	**HORARIO**	**TARIFA**	**CONTACTO**
			MAYO 2024
Alcázar de Jerez	Cerrada al público del 13 al 31 de Mayo	5€	956 149 955 - https://jerez.es/ "Consultar horarios y precios de Cámara Oscura"
Claustros de Santo Domingo	De martes a viernes, de 10.30 a 13.30 y de 18.00 a 21.00 horas. Sábados y domingos, de 10.00 a 13.45. Lunes y festivos, cerrado	Gratuito	956 149 715 - https://www.jerez.es/
Catedral de Jerez Torre	Lunes a sábados: 10 a 19.00 h. Domingos: 13.00 a 19.00 h. *(Último pase a las 18.15.-h.) Consultar horarios especiales* *Torre : 11.00 a 14.00 (último pase 13.30 h.)15.00 a 19.00 (último pase 18.30)*	Desde 8€ Torre sóla . 6 € Catedral +Torre . 9 €	662 187 511 - http://www.catedraldejerez.es catjerez@artisplendore.com
Iglesia de San Miguel	Lunes a viernes de 10.00 a 14.00 con el último pase a las 13.15h y de 15.00 a 18.30 con el último pase a las 17.45h. E. general 6€, E. mayores 5.50€, E. estudiantes 5€, E. grupos 4€. **Entrada combinada de Catedral + San Miguel (gratis también incluye la torre según disponibilidad de esta)** E. general 13€ E. combinada mayores 11.50€, E. combinada estudiantes 10€, E. combinada grupos (no incluye torre) 8€, La entrada combinada se vende hasta las 17.00 para que de tiempo a verse todo en el mismo día. También es posible hacer la visita en varios días.		
Museo tesoro de la Orden Basílica de El Carmen	Miércoles a Sábados: 11h a 14 h. Lunes, Martes y Domingo: *Cerrado* alejandropenalta@hotmail.com	4€ Ciudadanía: 2€	956 609434303 https://basilicadelcarmen.com/ *Grupos: Concertar visita horario de mañana*
Templo San Pedro – Hermandad de Loreto	Todos los Viernes de 10.00 a 13.00h.		Visita al Santísimo y Veneración de la imagen de Nuestra Sra. De Loreto
Palacio Domecq	Martes a Sábados: 10, 11, 12, 13, 14, 16, 17, 18 y 19 h. Domingos: 10, 11, 12 y 13 h.	Desde 13 €	673 923 640 Entradas: https://palaciodomecq.com/ y taquilla del Palacio
Palacio Del Virrey Laserna	H. Verano Martes a Sábados: *Español:* 11:15, 12:15, 18.15. *Inglés:* 13:15, 17:15. *Francés:* 19:15h. Domingos: solo mañanas	8€	619 726 780 - 956 348 794 https://www.palaciodelvirreylaserna.com/
MUSEOS y COLECCIONES	**HORARIO**	**TARIFA**	**CONTACTO**
Museo Arqueológico	Martes a Sábados y festivos: 9:00 a 15.00 h. Cerrado: tardes,	5€	https://www.jerez.es/webs_municipales/mus

Listado de recursos turísticos visitables de Jerez, en la provincia de Cádiz.

- ## Guías temáticas o de alojamientos/restaurantes

Además, en algunos destinos turísticos en los que el número de alojamientos y establecimientos de hostelería es superior, se editan unas guías con información de los distintos hoteles y empresas turísticas de la zona. Generalmente, son las asociaciones de hostelería las que editan estas guías, con un doble objetivo: informar al turista sobre los datos de estos establecimientos hoteleros y promocionar las empresas que están asociadas.

En estas guías únicamente están presentes las empresas que están afiliadas a la asociación, por lo que quedan excluidos los alojamientos que no están vinculados. Por eso, la Oficina de Turismo tendrá que realizar también los listados en los que se incluyan la totalidad de alojamientos que posea el destino.

Guía de hoteles de Pamplona (editada por la Asociación de Hoteles de Pamplona y su área metropolitana), guía de hoteles de Tudela (editada por la Asociación de Empresarios de Hostelería de Navarra), y guía de hoteles de Navarra (editada por la Asociación de Hostelería y Turismo de Navarra).

Encuesta de satisfacción de la Oficina de Turismo de Laguardia (Álava).

Guía de *bungalows* y guía de campings de Aragón, editadas por AECA-Asociación de Empresarios de Camping de Aragón.

Además de la documentación que se acaban de nombrar, que se proporciona al usuario o visitante de la oficina de turismo de manera presencial o por correo ordinario, en las oficinas de turismo también se trabaja con otro tipo de documentación:

- **Encuestas de satisfacción**

Encuesta de satisfacción de la Oficina de Turismo de Zumarraga-Urola Garaia (Gipuzkoa):

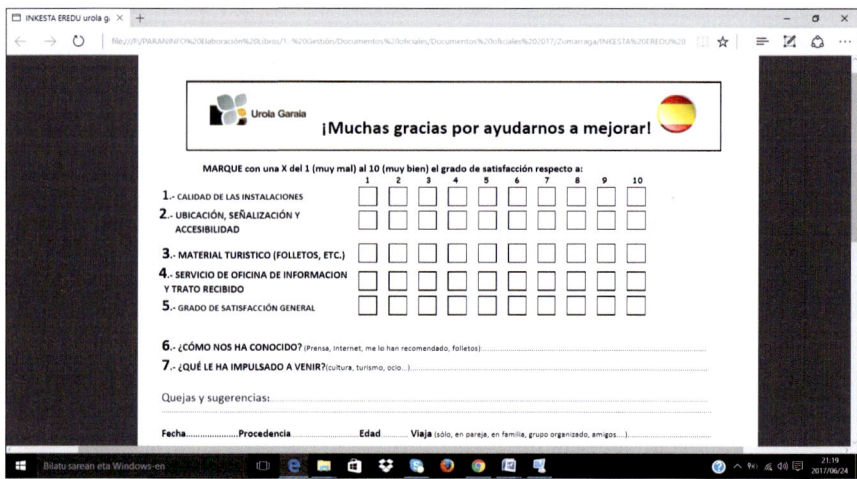

Encuesta de satisfacción de la Oficina de Turismo de Laguardia (Álava).

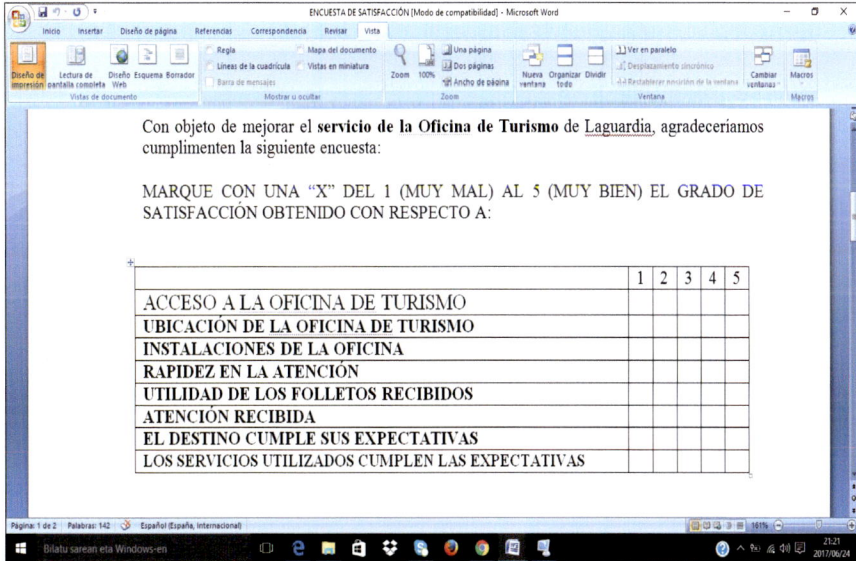

- **Hoja de quejas y sugerencias**

  Hoja de quejas y sugerencias de la Oficina de Turismo de Tudela, en Navarra:

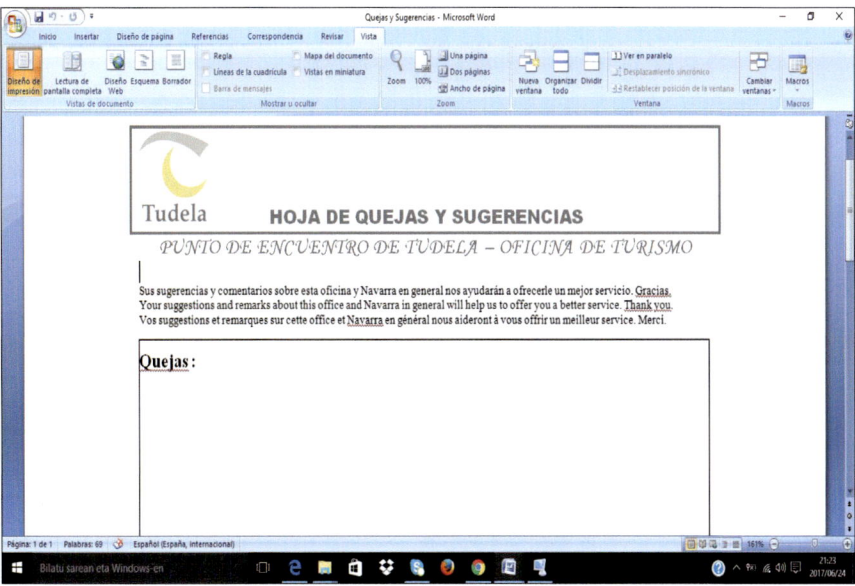

Además de las encuestas y hojas de sugerencias en papel que se entregan *in situ* en las oficinas de turismo, algunos portales web de las administraciones públicas permiten al usuario cumplimentar estas encuestas *online*. Es el caso de la web oficial de turismo de la ciudad de Soria, que en este enlace tiene una encuesta de satisfacción que cualquiera puede rellenar y enviar:

https://www.turismosoria.es/encuesta-de-satisfaccion/

- **Hoja de reclamaciones**

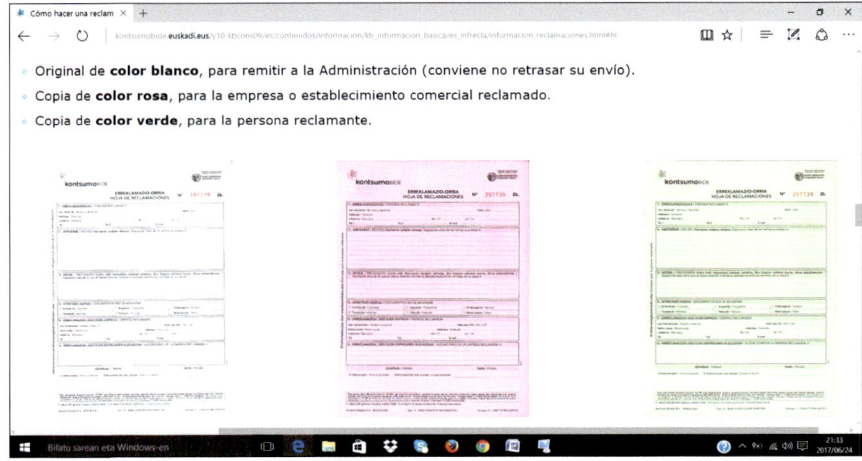

Hojas oficiales de reclamación.

También es necesario nombrar los soportes en formato audiovisual que generalmente vienen en CD o *pen drive*. Tuvieron su auge hace algunos años debido a su gran capacidad de almacenamiento, ya que era posible introducir una gran cantidad de archivos y/o vídeos con sonido, imágenes, etc., que no permitían otros formatos más tradicionales como los folletos o libros en papel. No obstante, en la actualidad no son muy utilizados debido a que toda esta información está en la red fácilmente accesible a través de distintas *apps,* dispositivos móviles, etc.

En la imagen se puede ver información turística en soporte CD de distintas comunidades y destinos turísticos: bodegas visitables en Castilla y León, guía de alojamientos de la Costa Brava y Pirineo de Girona, la fiesta de La Mare de Déu de la Salut d'Algamesí (Valencia), etc.

Con respecto a la información que viene en formato electrónico, son todos aquellos archivos que tiene la oficina de turismo para sustituir el papel. Cada vez se utilizan más con el objetivo de ahorrar papel y disminuir el gasto, y además cada vez son más demandados por los usuarios porque pueden guardar la información en el teléfono u ordenador y consultarla en cualquier momento. Desde hace ya varios años, toda la documentación promocional de la que dispone un destino turístico —planos, folletos, etc.— se puede encontrar también en formato electrónico, generalmente en pdf. Normalmente, esta documentación en formato digital suele enviarse por correo electrónico al cliente potencial que ha enviado un *e-mail* a la oficina de turismo solicitando información sobre el destino turístico y sus recursos. Esta información es muy útil para que los interesados puedan valorar las opciones y elegir posteriormente el destino de sus vacaciones, así como para preparar posteriormente su viaje. También es posible descargar la documentación desde las páginas webs de turismo de los principales organismos. Una vez que los turistas lleguen al destino, si se acercan a la oficina de turismo se les facilitaría la documentación en formato físico.

Por ejemplo, en la página web de turismo de la Diputación de Soria (http://www.sorianitelaimaginas.com) hay un apartado denominado «Descargas» en el que se pueden descargar todos los folletos en formato pdf de todos los productos y destinos turísticos que ofrece la provincia: Románico soriano, Micoturismo, Ruta de los Icnitas, Soria Verde, Camino de Santiago, y un largo etcétera, hasta veinte folletos relacionados con el turismo en la provincia de Soria. Además, también es posible descargar la canción promocional que lleva por nombre «Soria, ni te la imaginas», un mapa de la provincia, así como los horarios de las visitas de los distintos monumentos.

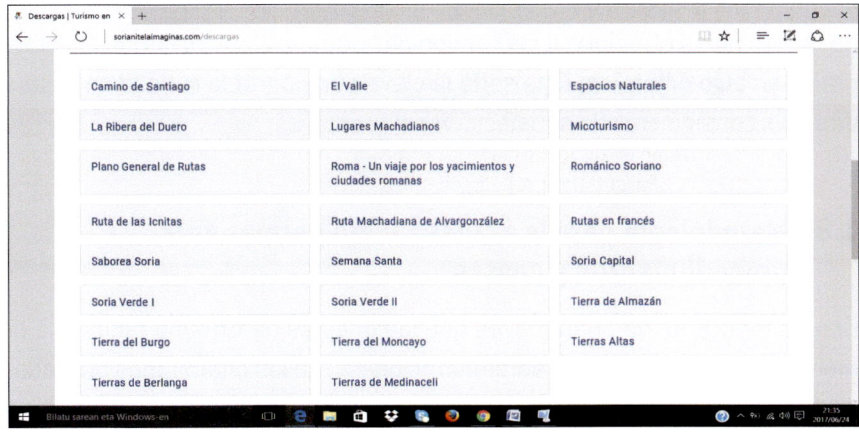

Apartado de la web oficial de turismo de la Diputación de Soria en la que se puede descargar diverso material promocional en formato PDF.

1.7. Sistemas de archivo: bancos y bases de datos

Estos sistemas de archivo de documentación *on-line* son muy útiles porque permiten modificar, eliminar e insertar la información de forma rápida, instantánea y económica. Además, permiten almacenar una gran cantidad de datos que pueden irse modificando constantemente.

Por ejemplo, la Organización Mundial del Turismo (OMT) recopila datos y estadísticas turísticas de la mayoría de países y regiones del mundo para insertarlos en una gran base de datos que es la más completa, variada y amplia del mundo que se encuentra disponible sobre el sector turístico. Además, se actualiza de forma permanente y posee datos de diversa índole: turismo receptor, emisor e interno, flujos de turismo internacionales, llegadas y pernoctaciones en cada uno de los países y también desglosados por los países de origen, etc.

Cada uno de los organismos turísticos —ayuntamientos, diputaciones, comunidades autónomas, países, etc.— dispone asimismo de bases de datos con la información relativa al turismo en su zona. Estos datos se utilizan posteriormente para la elaboración de estadísticas, redacción de informes con conclusiones, etc. Después, estas conclusiones se utilizan para la toma de decisiones con respecto a campañas o acciones de marketing, publicidad, apertura a nuevos mercados o segmentos, etc.

En los destinos en los que el turismo representa un porcentaje importante del Producto Interior Bruto se hace todavía más imprescindible el conocimiento de la actividad turística y del perfil del turista. Esto es así porque las decisiones que se tomen con respecto al futuro tendrán más relevancia y tendrán un impacto mayor en la economía local. Solo así será posible una constante evolución del mercado, adaptándose a las exigencias y necesidades del turista, adecuando los servicios ofrecidos a las tendencias actuales, convirtiendo el sector turístico en algo dinámico. Esta sería la clave para lograr la calidad en el servicio ofrecido, consiguiendo la satisfacción del turista.

1.8. Metodología para la actualización permanente: procedimientos y costes

Generalmente, lo más habitual es que las oficinas de turismo reciban la documentación y material de las administraciones y de los organismos públicos. Así, una oficina de turismo recibirá material de distintos organismos: el mapa del municipio lo recibirá del ayuntamiento, el folleto con los recursos turísticos comarcales lo enviará el organismo que corresponda y tenga las competencias correspondientes, los folletos de los diferentes museos que gestiona la Diputación los enviará el departamento de cultura de la diputación correspondiente, la información que abarque la totalidad de la comunidad autónoma la recibirá de la consejería o departamento de turismo, los folletos que editen las empresas privadas (hoteles, restaurantes...) los enviarán directamente estas empresas, etc. Esta información tendrá que estar actualizada y deberá facilitar datos verídicos.

De este modo, cada una de estas administraciones u organismos será el responsable de mantener actualizada la información y documentación que hace llegar a las oficinas de turismo, por lo que generalmente esta tarea no recae sobre las oficinas de información turística. Es el organismo que en su día diseñó y editó el folleto el que se encargará de su actualización. La frecuencia con la que la documentación se actualiza y se manda a imprenta la decide cada uno de estos organismos y varía en función del presupuesto disponible y de la dotación económica asignada a tal efecto. También variará en función de las necesidades que haya de actualizar la información. El sector turístico sufre cambios constantemente, por lo que sería recomendable que se realice como mínimo una actualización cada seis meses, pero no todos los organismos lo realizan con tanta asiduidad.

No obstante, en el caso de la información digital, la actualización suele ser instantánea y se suele actualizar y modificar diariamente. El coste que conlleva modificar una página web es prácticamente inexistente y es imprescindible tener la página web actualizada, para así dar al turista potencial una imagen de responsabilidad, calidad y profesionalidad. También diariamente se suelen añadir en la web noticias relacionadas con el sector, eventos o actividades que se llevarán a cabo en las distintas localidades existentes en el destino, etc.

1.9. El centro de información turística como fuente de información del destino

Un centro de información turística tiene como objetivo prioritario informar, orientar y asesorar al turista o turista potencial en todo lo relacionado con el destino: servicios de interés, oferta turística del destino, recursos turísticos, actividades turísticas, eventos culturales y deportivos, atención de quejas y reclamaciones, etc. También se facilita material informativo sobre los servicios turísticos y recursos del destino. Todos estos son los objetivos y funciones prioritarios en la oficina de turismo: es la base de la oficina de información turística. Este servicio deberá prestarse de forma amable, profesional, eficaz, aportando en todo momento información veraz y actualizada.

Además, las oficinas de turismo tienen como deber prestar asistencia y apoyo a las empresas del sector turístico y a los medios de comunicación.

Por otra parte, en los últimos años algunas oficinas de turismo se han convertido en coordinadoras y dinamizadoras del turismo en el destino, ejerciendo el importante papel de ser promotoras del destino turístico. Como parte de estas tareas se encuentran la promoción y comercialización de los productos turísticos de la localidad. Para ello, algunas de las actividades concretas que realizan son las siguientes: realizar propuestas de elaboración y/o actualización de material impreso o material promocional de la zona, colaborar con los ayuntamientos y con los organismos turísticos, participar en ferias y jornadas turísticas con el fin de promocionar el destino, tener presencia en los medios de comunicación, etc.

Las oficinas de turismo, a través de la información y promoción que realizan en el destino, tienen la capacidad de conseguir que el turista decida prolongar la estancia en la ciudad o, en caso de que no sea posible, que realice en un futuro un nuevo viaje al mismo destino. Si el turista descubre recursos turísticos que considera imprescindibles de visitar y se le muestran las opciones que el destino brinda a sus visitantes, se conseguirá que prolongue la estancia o que vuelva a visitar el destino próximamente, logrando así tener un cliente repetidor y fiel.

En el caso de la información y orientación que se le proporciona al cliente potencial —cuando todavía no ha visitado el destino y solicita información desde su lugar de origen—, este papel de promoción del destino es todavía más importante, ya que la oficina de turismo puede conseguir que se decante por visitar ese destino y no otro. El cliente potencial todavía, en muchos casos, no ha decidido qué destino visitar en sus próximas vacaciones y está barajando varias opciones. Por eso, en función del trato que reciba y de la información que se le facilite, podrá decantarse por un destino u otro. También en función de la cantidad y calidad de la información que se le facilite a este turista potencial se conseguirá que su estancia se prolongue más en el tiempo: si se muestran todas las oportunidades que ofrece el destino y se hace una correcta labor de promoción, es posible que el futuro turista decida aumentar la duración de sus vacaciones con respecto a lo que había pensado en un inicio.

Por lo tanto, las oficinas de turismo no solo pueden crear motivaciones de viaje en los turistas potenciales —incrementando el número de turistas en el destino—, también pueden hacer que un turista real prolongue su estancia, aumentando las pernoctaciones y el gasto que realizará en el destino.

Además, el turista es una inagotable fuente de información. Gracias a las sugerencias que realiza o a las quejas que deja en la oficina de turismo, ya sea por escrito o de viva voz, los informadores turísticos podrán recabar información sobre la situación del turismo en el destino, la calidad de las empresas turísticas, y un sinfín de aspectos más relacionados con el sector turístico del destino, para así poder tomar decisiones que mejoren la satisfacción global del turista con el destino.

Por ejemplo, la oficina de turismo de Salamanca indica en su página web que las funciones más destacables que desarrollan desde la oficina son las siguientes:

- Acogida, atención e información turística sobre Salamanca y su entorno.

- Comunicación y promoción de los recursos turísticos y servicios de la ciudad y su entorno.

- Atención e información turística no presencial.

- Recogida de datos estadísticos sobre los servicios de atención, información, visitantes...

- Apoyo en la coordinación de la programación de Turismo, Comercio y Promoción Económica de Salamanca, SAU.

- Difusión de la agenda cultural de la ciudad.

- Preparación de material para ferias.

- Preparación de peticiones de material de congresos.

- Atención del punto de venta de mercaderías turísticas de ciudad.

- Difusión de programas en las fiestas de la ciudad (Semana Santa, San Juan de Sahagún, Ferias y Fiestas).

1.10. Intercambio de información entre centros y redes de información: retroalimentación

Es habitual que un cliente demande información turística de un destino distinto al lugar donde esté ubicada la oficina de turismo: normalmente suelen demandar información sobre la comarca o provincia. Esto es, muchos turistas acuden a una oficina de información turística para solicitar información de las localidades cercanas que se ubican en la zona o en los alrededores. En ese caso, el informador turístico tendrá que utilizar las fuentes que se han citado anteriormente en otros capítulos (páginas web oficiales de los diferentes organismos) para poder localizar la información correspondiente. Por eso es imprescindible que exista una buena y fluida comunicación entre las oficinas de información turística de una misma comarca, provincia o comunidad autónoma y la colaboración entre ellas se hace necesaria. Con el objetivo de ofrecer un servicio de calidad al turista, se han ido creando las redes de oficinas de turismo en algunas comunidades autónomas. A continuación se detallarán tres ejemplos de redes que existen.

Comunidad Valenciana

La red TOURIST INFO es la red de Oficinas de Información Turística de la Comunitat Valenciana. La Agència Valenciana del Turisme creó en el año 1990 esta red de oficinas de turismo.

La Ley 15/2018, de 7 de junio, de turismo, ocio y hospitalidad de la Comunitat Valenciana define la red Tourist Info de esta manera: «La red Tourist Info se configura como un instrumento de desarrollo de la política turística de las administraciones públicas de la Comunitat Valenciana y se orienta a proporcionar un conjunto integral de servicios de información turística durante todo el año, contribuyendo a difundir el conocimiento de sus recursos y productos, facilitando asistencia y orientación turística, fomentando la hospitalidad y coadyuvando a optimizar la gestión de la experiencia turística. Excepcionalmente, en el marco de la red Tourist Info, se podrán habilitar puntos de información en cooperación con entidades locales interesadas o empresas del sector».

Actualmente son más de 200 las oficinas que se han unido a la red, cubriendo la práctica totalidad del territorio de la comunidad. Como explican en su web, la misión de las oficinas es: «La prestación de un servicio integral de información turística, ofreciendo una imagen de calidad de la Comunitat Valenciana, con respeto a las singularidades de los distintos destinos turísticos, con el propósito de fidelizar los turistas que visitan la Comunitat, diversificar el producto turístico valenciano y lograr la satisfacción personal y profesional del personal de Oficina Tourist Info».

Cuentan con tres tipos de oficinas: las oficinas permanentes (son de titularidad municipal y abren sus puertas durante todo el año), las oficinas de carácter temporal (también de titularidad municipal, pero abiertas solo en temporada alta) y los puntos de carácter temporal (suelen depender de otra oficina de turismo y su objetivo es acercar la necesidad de información turística a los principales puntos de interés del destino, eventos, recursos turísticos, etc., donde se concentran más turistas).

Fuente: Agència Valenciana del Turisme.

El adherirse a la red siempre trae una serie de beneficios para las oficinas de información turística. Algunas de las características o ventajas con las que cuentan las oficinas de la red —en comparación a otras que no están adheridas a la misma— son las siguientes:

- Posibilidad de utilizar la imagen corporativa de la red.

- Desarrollo de instrumentos de trabajo homogéneos que facilitan dar respuesta a las demandas de información turística de los usuarios.

- Utilización de soportes, contenidos informativos, métodos y tecnologías homogéneos, pero respetando la singularidad y carácter propio de cada municipio o comarca.

- Formación para el personal de las oficinas de información.

- Apoyo técnico de la Agència Valenciana del Turisme.

- Mejora de la coordinación entre oficinas, así como colaboración y participación en la toma de decisiones relacionadas con las políticas turísticas.

Cataluña

En Cataluña hay una red de oficinas de turismo que está formada por 233 oficinas de información turística, todas ellas gestionadas por la Generalitat de Catalunya. Por lo tanto, quedarían fuera de la red las oficinas municipales y las que están gestionadas por otros organismos como las diputaciones o consorcios turísticos. No obstante, no se trata de una red en sí, sino más bien está diseñado como una forma de aglutinar o denominar a las oficinas que gestiona el gobierno autonómico. Todas ellas tienen un distintivo en la puerta de acceso a la oficina de turismo, con el objetivo de homogeneizar la imagen de marca.

Euskadi

Uno de los ejemplos más claros de lo que es una red de oficinas de turismo es el caso de Euskadi, donde existe ITOURBASK, creada en el año 2003. Nació con la finalidad de proporcionar una información turística uniforme, actualizada y homogénea de toda la Comunidad Autónoma de Euskadi desde cualquiera de los servicios de información turística, prestándose así un servicio de información turística global del destino Euskadi.

Esta red cuenta con una serie de servicios entre los que destacan las bases de datos de recursos y servicios turísticos de Euskadi, que sirve para promover el intercambio y comunicación en sus respectivas funciones, dotando a las oficinas de unas características homogéneas en cuanto a su cobertura y contenido informativo, y ofreciendo a las y los usuarios turísticos un conjunto integral de servicios. Otra de las ventajas es la mejora del grado de satisfacción de los servicios de información turística, impulsando la comunicación y difusión de los recursos turísticos.

En este caso, cualquier oficina de turismo que esté en Euskadi puede pertenecer a la red ITOURBASK —tanto las oficinas que sean de titularidad municipal como las que gestiona el Gobierno Vasco—, siempre y cuando cumplan unos requisitos. En la actualidad son 51 las oficinas que están adheridas a dicha red, que siguen manteniendo su autonomía en cuanto al funcionamiento, pero trabajando en cooperación dentro de la red.

En el siguiente mapa se pueden ver las oficinas adheridas a la red de ITOURBASK:

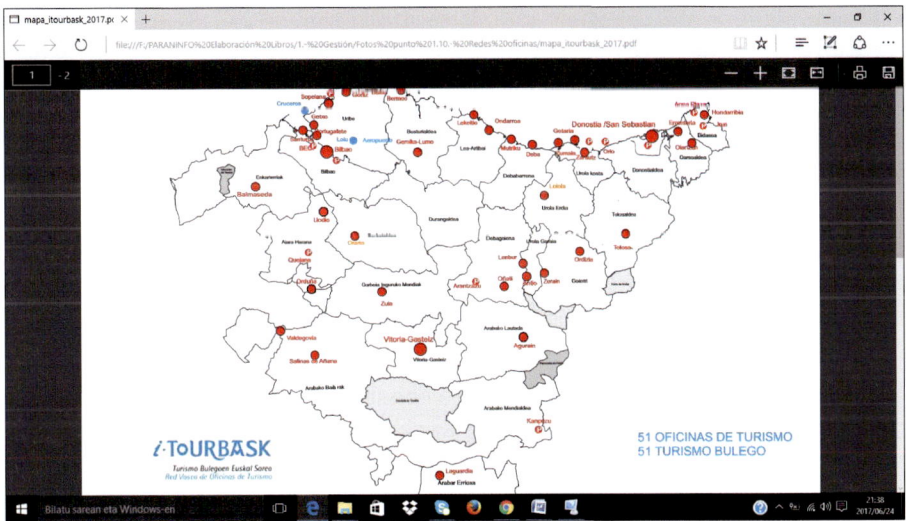

El DECRETO 279/2003, de 18 de noviembre, por el que se crea la Red Vasca de Oficinas de Turismo-ITOURBASK explica cuáles son los requisitos que se les exigen a las oficinas de turismo que quieran formar parte de la red. Entre ellos se pueden destacar los siguientes:

• En cuanto al espacio interior, deben de adecuarse distintas zonas: zona de atención y consulta (dividida a su vez en zona de atención rápida y zona de atención personalizada), zona de autoservicio, zona de exposición, zona de trabajo interno y zona de almacén.

• También se pide que las oficinas adheridas a la red tengan el equipamiento tecnológico e informático necesario como fax, impresora, acceso a internet, etc.

• Contarán con un buzón de sugerencias.

• Tendrán que respetar y cumplir las normas en materia de accesibilidad —tanto en el diseño del mobiliario como en la distribución del espacio— así como en materia sanitaria, medioambiental, de seguridad, etc.

• Aunque cada oficina de turismo establecerá su propio horario, todas las oficinas de ITOURBASK tendrán que estar abiertas «como mínimo» seis días en temporada baja, con un horario mínimo de cuatro horas diarias, y el día de cierre no podrá ser ni sábado, ni domingo, ni día festivo o de puente. En temporada alta y periodos vacacionales las oficinas estarán abiertas los siete días de la semana, durante ocho horas diarias como mínimo.

El horario y el periodo o fechas de apertura tendrá que estar expuesto al público tanto en el exterior como en el interior de la oficina.

- Las oficinas de turismo adheridas a la red también estarán obligadas a realizar un registro de datos de todos los usuarios de la oficina, tanto de los visitantes que demandan información presencialmente como de los correos electrónicos o llamadas que llegan a la oficina solicitando información sobre el destino turístico. Los datos extraídos de este registro se insertarán diariamente en el aplicativo informático que ITOURBASK posee para tal efecto, para que posteriormente este organismo realice las estadísticas e informes relacionados con al perfil de los usuarios de las oficinas de la red. En el contexto actual es importantísimo poseer un conocimiento profundo de la actividad turística que permita una constante innovación, adecuando los servicios ofrecidos a las necesidades y exigencias del turista, adaptándose así a las tendencias y a la evaluación del mercado. Y para adaptarse a las tendencias del mercado, es necesario evaluar ese mercado y perfilar el perfil del turista: por eso es tan importante realizar este control de los usuarios de las oficinas de turismo.

Los datos que ITOURBASK determina que hay que obtener de cada uno de los usuarios son los siguientes:

- Fecha y hora de la visita a la oficina.

- Número de personas que han acudido a la oficina, sexo y edades de cada uno de ellos.

- Procedencia de cada uno de los usuarios.

- Ámbito de la información demandada: local, comarcal, provincial, de la Comunidad Autónoma, estatal o del extranjero.

- Tipo de información demandada: fiestas, gastronomía, alojamiento, visitas guiadas, museos, etc.

Esta sería la pantalla de la web de ITOURBASK en la que las oficinas de turismo tendrán que registrar la información correspondiente a cada uno de los visitantes que hayan tenido. Generalmente, en la oficina de turismo tienen impresos los pantallazos de la web de ITOURBASK o se hace una plantilla o cuadro que tenga como fin recoger la información demandada por este organismo. En estas plantillas se recogen los datos a bolígrafo cuando el cliente está abandonando la oficina. Posteriormente, cuando los informadores turísticos tienen algo de tiempo libre, los datos recogidos durante el día se introducen en la aplicación informática de la web de ITOURBASK.

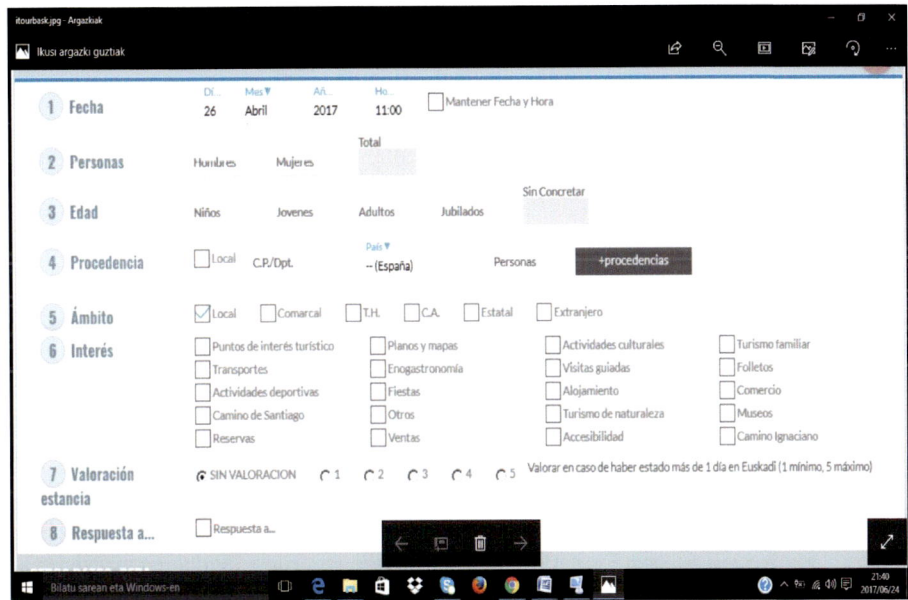

Los datos que se piden son los siguientes:

1. Fecha

   Se anotará la fecha y la franja horaria de la visita que el usuario ha realizado a la oficina de turismo.

2. Personas

   Se anotará cuántos hombres y cuántas mujeres había en el grupo, así como la suma o total de personas que integraban el grupo.

3. Edad

   Se anotará a cuál de estas cuatro franjas de edad pertenecen los visitantes: niños, jóvenes, adultos o jubilados. En este caso, la anotación se hace con una aproximación. En ningún caso se le preguntará a un cliente su edad, ni se le preguntará si es adulto o jubilado.

   Cuando en un mismo grupo haya personas de distintas franjas de edad, se anotará cuántos usuarios hay de cada franja, por ejemplo: un niño + tres adultos + dos jubilados.

4. Procedencia

   Se dejará constancia de las procedencias de los visitantes. Cuando en un grupo de personas hay distintas procedencias, se anotarán todas ellas, con el desglose de cuántas personas son de un lugar y cuántas provienen de otro distinto, por ejemplo: una persona es de la localidad + otras tres son de la provincia; o dos personas son de la comunidad autónoma, dos son de Francia y otra de Irlanda.

5. Ámbito

Se anotará si la información demandada es de ámbito local (esto es, del municipio en el que está ubicada la oficina de información turística), de ámbito comarcal, provincial, de la comunidad autónoma o estatal.

6. Interés

Este apartado tiene como objetivo anotar el tipo de información que han demandado. Se pueden elegir varias opciones, tantas como se considere. El sistema de Itourbask propone los siguientes:

- Puntos de interés turístico: se elegirá esta opción cuando el usuario pregunte cuáles son los sitios de interés general para visitar o cuando realice alguna consulta sobre alguno de los recursos turísticos.

- Planos y mapas: si un usuario se lleva —o solicita— un mapa de la zona o un plano de la ciudad, se anotará en este campo.

- Actividades culturales: se elegirá esta opción cuando el usuario pregunte sobre cursos o formación, exposiciones, espectáculos, eventos, cine, etc.

- Turismo familiar: cuando alguien solicite información sobre actividades para hacer en familia o sobre eventos especialmente diseñados para los niños.

- Transportes: cuando la consulta está relacionada con la red de transportes, horarios y frecuencias, compañías, dónde se ubican las estaciones y paradas, etc.

- Enogastronomía: si alguien pregunta sobre la ubicación y tipos de restaurantes, sobre los productos gastronómicos propios de la zona, rutas de *pintxos* o tapas, bodegas, sidrerías, etc.

- Visitas guiadas: se elegirá esta opción cuando alguien acuda a la oficina de turismo para preguntar información sobre visitas guiadas o si llegan a la oficina de turismo para realizar una visita guiada que tengan previamente reservada y cuyo punto de partida sea la propia oficina de turismo.

- Folletos: se elegirá esta opción cuando algún usuario se lleve un folleto, tanto si lo ha cogido él mismo del autoservicio como si se lo ha solicitado al informador turístico.

- Actividades deportivas: si solicitan información sobre eventos deportivos, instalaciones para practicar deportes, etc., se elegirá esta opción.

- Fiestas: cuando alguien pide información sobre las actividades que se realizan en las fiestas del pueblo y de los barrios o de otros municipios de la zona, así como cuando solicitan el programa de las fiestas patronales de la localidad.

- Alojamiento: si se pregunta por algún tipo de alojamiento como hoteles de la localidad, casas rurales de la comarca, etc.

- Comercio: si el visitante pregunta por alguna farmacia, comercio... Puede ser en general —como cuando consultan dónde pueden comprar pan, aspirinas, ropa, etc.—, o pueden ser demandas más concretas —cuando el usuario desea conocer la ubicación u horarios de una tienda de la que ya previamente ha oído hablar—.

- Camino de Santiago: en algunos destinos es habitual el paso de peregrinos por la oficina de turismo. También la población local suele acudir a la oficina de información turística con el fin de demandar información para organizar y preparar su viaje antes de emprender esta ruta.

- Otros: aquí se engloba cualquier otra demanda de información que no se ajuste a ninguna de las anteriores o posteriores.

- Turismo de naturaleza: se elegirá esta opción cuando el usuario demande información sobre senderismo, rutas a pie o en BTT, o similares. También si la oficina de información turística está ubicada junto a un Parque Natural o zona protegida y el usuario demanda información relacionada con la misma.

- Museos: se marcará esta opción cuando el usuario realice una demanda relacionada con los museos de la zona o de la localidad. Por ejemplo, si pregunta por los museos que pueden visitarse, sus horarios y precios, ubicación de los mismos, visitas guiadas, actividades... También se anotará en este apartado si se realiza alguna venta de un bono para visitar varios museos de la localidad, si lo hubiera.

- Ventas: esta opción se utiliza cuando el cliente compra algún producto de los que están a la venta en la oficina de información turística, como por ejemplo postales y libros, *souvenirs*, productos gastronómicos locales, etc.

- Accesibilidad: se elige esta opción si el usuario necesita saber qué restaurantes, alojamientos hoteleros y/o recursos turísticos son accesibles para personas con movilidad reducida.

- Camino Ignaciano: cuando alguien demanda información sobe esta ruta.

Además, cada oficina podrá personalizar la recogida de datos, añadiendo algunos apartados extra. Por ejemplo, la oficina de turismo de Deba (Gipuzkoa) ha añadido a la estadística los siguientes ítems:

- Información específica demandada. En este campo pretenden averiguar el porcentaje de usuarios que demanda información relacionada con los recursos turísticos del municipio, desglosando cuántas personas piden información de cada uno de los recursos existentes. Las opciones son las siguientes: Geoparkea, Flysch, karst, senderismo, BTT, visita a las cuevas de Ekainberri, venta de entradas de los recursos turísticos de la zona, talasoterapia, etc.

- Motivo de la visita: vacaciones, excursionista de un día, trabajo, otros. Este apartado tiene como objetivo descubrir el motivo por el que el usuario está visitando la localidad: si está pasando allí las vacaciones, si ha ido a pasar el día o si su traslado tiene como fin realizar una actividad profesional.

- Localidad en la que se aloja. Las opciones posibles son las siguientes: Deba, Zumaia, Mutriku, otras localidades de la comarca, otros municipios de la provincia, otras provincias. En el caso de alojarse en la misma localidad, se añade también el alojamiento concreto en el que el visitante está alojado.

- Idioma en el que el usuario se ha dirigido al informador turístico: euskera, castellano, inglés, francés, otros.

Por otra parte, a modo de ejemplo, la localidad vizcaína de Gorliz ha personalizado la estadística de ITOURBASK añadiendo los siguientes ítems:

- Motivo de la visita: familia, ocio, trabajo, turismo.

- Idioma utilizado: euskera, castellano, inglés, francés, alemán, italiano, catalán.

- Frecuencia de la visita: primera vez, anual, etc.

- Tipo de alojamiento utilizado: hotel, pensión, alojamiento rural, *camping,* albergue, apartamento, balneario, alojamiento no reglado.

Y un largo etcétera.

Para visualizar todo esto, a continuación se muestra un pantallazo con la web de ITOURBASK. Concretamente, en la imagen se pueden ver los ítems que la oficina de turismo de Deba ha añadido a su perfil, con el fin de recoger datos de manera personalizada.

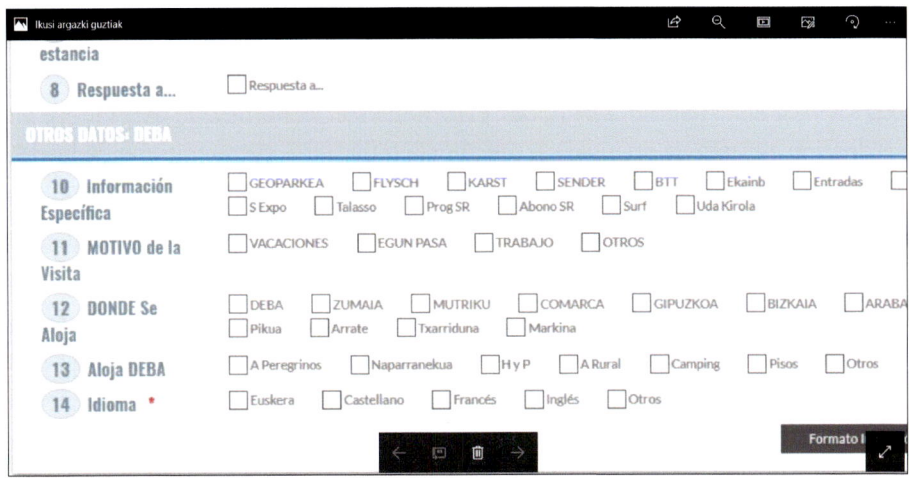

1.11. Circulación y distribución de la información desde el Centro de Información y otros sistemas de información no formales en el destino

En apartados anteriores se ha comprobado que la información turística no va en una única dirección, también los usuarios de la oficina de turismo son una valiosísima fuente de información. Por una parte, a través de las sugerencias que realicen se puede orientar la toma de decisiones sobre el turismo en el destino. Por otra parte, analizar el perfil del turista también es importante para la elaboración de informes y estadísticas que ayuden a hacer una radiografía del sector turístico. Por eso se puede decir que la información circula en varias direcciones de forma constante y continua.

No obstante, la información turística no discurre únicamente de la oficina de información al usuario y del usuario a la oficina de información. Las empresas turísticas del destino también forman parte de este entramado y también son protagonistas activas del proceso de circulación de la información, puesto que esta fluye en varias direcciones.

Es imprescindible que exista una buena y constante comunicación entre los informadores turísticos y las empresas del sector. El centro de información turística hará llegar a las empresas cualquier duda o sugerencia de los usuarios, y las empresas facilitarán a las oficinas de turismo toda la información que sea de su interés para el correcto desarrollo de su principal actividad que es la de proporcionar información y asesoramiento al turista.

A continuación, se analizarán las empresas del sector que tendrán que estar en constante comunicación con la oficina de información turística.

Empresas de alojamiento

El único requisito que existe para que el turista sea considerado como tal es que su viaje sea superior a 24 horas. El turista es el visitante que permanece en su destino —fuera de su lugar de residencia habitual— como mínimo 24 horas. Este hecho hace que el turista necesite contratar un alojamiento en su destino para poder pernoctar.

Generalmente, una parte importante del presupuesto del turista se destina al pago de reservas hoteleras y de alojamiento. Esto hace que la decisión se tome a conciencia. El turista se informará mejor para elegir hotel que para elegir qué museo visitar, analizará distintas opciones, preguntará a sus conocidos, leerá opiniones en la red de otros turistas que se hayan alojado en estos establecimientos, etc. Posiblemente esta decisión sea la más importante de todo el proceso de organización del viaje.

Desde la oficina de turismo suele facilitarse información referente al número y características de los alojamientos que posee el destino. Generalmente el turista potencial realiza esta demanda de información de forma no presencial, desde su lugar de residencia, antes de comenzar el viaje, ya que este es el momento en el que se dispone a realizar la reserva del alojamiento. Por eso es importante que la oficina de turismo cuente con un listado de alojamientos del destino, con información útil como ubicación, servicios que se ofrecen, precio aproximado, fechas de cierre si las hubiere, etc. Aunque este tipo de información suele facilitarse cuando el cliente potencial está todavía en su domicilio, algunos turistas viajan sin un *planning* determinado y van improvisando y realizando reservas de alojamientos en función de lo que van encontrando en su camino. Por ello, también es habitual que los usuarios de una oficina de turismo realicen presencialmente estas demandas de información.

Empresas de restauración

Este tipo de información suele solicitarse en el destino, puesto que el servicio de restauración no suele reservarse con antelación, salvo en el caso de los grupos. Los turistas deciden de forma improvisada —en el momento— dónde irán a comer, por lo que es habitual que acudan a la oficina de turismo con intención de solicitar asesoramiento. El listado de restaurantes del destino es una herramienta importante que se les entregará de forma presencial a los usuarios que lo soliciten. Es una de las principales demandas de los usuarios de una oficina de información turística. En este listado que se proporciona desde la oficina de turismo se podrá ver la ubicación de cada uno de los restaurantes, horarios de apertura, cierres semanales y anuales, tipo de comida, precios aproximados, etc.

Las agencias de viajes y grupos organizados sí que suelen hacer las reservas de restauración con bastante antelación y, en este caso, un dato importante que van a solicitar es la capacidad de cada uno de los restaurantes. No todos los restaurantes tienen capacidad para albergar grupos grandes, por lo que es imprescindible contar con esta información para poder informar a los grupos y agencias que la demanden.

Empresas de guías y/o guías locales

Normalmente los guías locales trabajan como autónomos y se constituyen en asociaciones denominadas APIT (Asociación de Profesional de Informadores Turísticos). Estas asociaciones suelen ser provinciales —como la de Barcelona o Sevilla— o del ámbito de la comunidad autónoma —como el caso de Euskadi o Galicia—. Las denominaciones que reciben son iguales o similares en todos los casos: «Asociación Profesional de Informadores Turísticos de Barcelona», «Asociación Profesional de Guías Turísticos de Sevilla», «Asociación Profesional de Guías de Turismo de Euskadi», «Asociación Profesional de Guías Turísticos de Galicia», etc. Generalmente son las agencias de viajes o grupos los que contratan los servicios de un guía profesional para realizar una visita guiada por la localidad que van a visitar.

Las oficinas de turismo funcionan como intermediarias entre el cliente y los guías oficiales de turismo. Los centros de información turística recomendarán a los usuarios de la misma la contratación de los servicios de un guía profesional, con el objetivo de conseguir un mejor aprovechamiento de la estancia y una satisfacción mayor. De este modo, si una agencia de viajes o un grupo necesita contratar los servicios de un guía oficial de turismo, desde la oficina de turismo se le podrán facilitar los datos de contacto de los guías existentes en el destino turístico. No obstante, la mayoría de las webs de las asociaciones tienen un apartado en el que se puede ver el listado de guías asociados, los idiomas en los que trabaja cada uno de ellos, las comarcas o provincias en las que tienen competencias y la forma de contacto.

Por todo ello, es importante que desde la oficina de turismo dispongan de la información actualizada de quiénes son los guías de turismo que están asociados a la asociación. También tendrán que tener los datos de contacto, para facilitárselos a los clientes que quieran contratar sus servicios.

Empresas de transporte

Las oficinas de turismo tendrán que tener a disposición de cualquiera que lo solicite información relacionada con los medios de transporte del entorno. Será necesario que sepan informar al turista de cómo llegar al destino desde el aeropuerto o estación de tren más cercana, pero también tendrán que conocer la información detallada sobre los medios de transportes existentes en la región para moverse por el destino y por las localidades limítrofes y cercanas: líneas de autobús, tranvías, teléfonos y paradas de taxis, etc. Los usuarios preguntarán también por los horarios y las frecuencias, horario del primer y último servicio de cada día (teniendo en cuenta que los fines de semana el horario suele variar), los precios, etc.

Por ejemplo, en la oficina de turismo de Platja d'Aro, localidad ubicada en la Costa Brava (Girona) tendrán que disponer de información relacionada con los transportes en la región: cómo llegar a otros pueblos y recursos turísticos de la Costa Brava (autobuses comarcales), cómo moverse dentro la localidad (tranvía —si lo hubiere, aunque en este caso no existe—, autobuses locales que discurren por los barrios, etc.). También es interesante que conozcan los transportes (trenes y autobuses) para llegar a otras capitales de provincia o ciudades importantes que estén en provincias limítrofes: por ejemplo, es habitual que los turistas que permanezcan varios días en Platja d´Aro decidan visitar Barcelona y hacer una excursión de un día a la ciudad condal; otras localidades que suelen visitar son Girona, Figueres, etc. Por lo que es importante poseer esta información para podérsela facilitar a los turistas que la demanden. Además, también es imprescindible que puedan facilitar información de cómo llegar desde / hasta las terminales de transporte más cercanas: aeropuerto de Girona— Costa Brava, aeropuerto de Barcelona —El Prat, estación de tren de Girona, etc.

Este tipo de demandas también suele ser frecuente que las realicen los vecinos del municipio. Principalmente son las personas de la tercera edad las que acuden a la oficina de turismo solicitando este tipo de información puesto que no tienen los conocimientos necesarios para buscar estos datos de forma autónoma en la red. De este modo, los informadores turísticos les facilitarán la información demandada y les imprimirán los horarios y datos necesarios.

Ocio

Durante todo el año suelen celebrarse distintos eventos gastronómicos, culturales, deportivos, etc., de interés en cualquier rincón de la geografía. Generalmente estos eventos los organiza el ayuntamiento en colaboración con distintas asociaciones culturales o clubs deportivos. Por lo tanto, será el ayuntamiento el responsable de informar a las oficinas de turismo de la comarca de cualquier evento que se añada a la agenda de acontecimientos de la localidad o de municipios cercanos.

En algunos destinos, la fiesta y el ocio nocturno es un producto turístico de mucho éxito que atrae cada año a miles y miles de turistas. Es necesario que las oficinas de turismo dispongan de información acerca de las discotecas, pubs o locales de ocio nocturno de la zona, así como de sus precios, horarios y calendarios de apertura actualizados, etc. También será interesante que cuenten con información sobre los eventos o actividades que realicen: fiestas temáticas, asistencia de personajes conocidos, etc.

Hay otra serie de actividades de ocio que suelen ser programadas por empresas privadas o concesiones públicas como el teatro o el cine, zoológicos, parques de atracciones y parques temáticos, parques acuáticos, etc. Es imprescindible que la oficina de turismo posea la información relativa a las actividades o eventos que todos estos organismos organicen.

Comercio y productos de artesanía local

Cada vez está proliferando con más rapidez la apertura de tiendas de productos gastronómicos de la zona o de kilómetro cero, comercios de productos sostenibles y ecológicos, establecimientos de artesanía y productos locales, etc. Las oficinas de turismo tendrán que contar con la información necesaria sobre la ubicación, horarios y fechas de apertura de estos negocios, con el fin de informar debidamente a los turistas que demanden información sobre ello. Aunque estas empresas están también enfocadas a la población local, los turistas son un cliente importante porque son los que más compran este tipo de productos. También será importante informar a los interesados sobre mercados al aire libre, tradicionales o de segunda mano, mercadillos y ferias medievales, plazas de abastos, tiendas de *souvenirs*, etc.

Servicios públicos

Por último, existen infinidad de servicios públicos que no han sido concebidos para el turista, pero también estos utilizan dichos servicios. Los servicios sanitarios (ambulatorios, hospitales...), seguridad (comisarías de policía), bibliotecas, copisterías en las que poder imprimir documentos, farmacias, etc., son servicios que pueden demandar los turistas en un momento determinado.

GESTIÓN MEDIOAMBIENTAL

En la actualidad cada vez más personas sienten una especial sensibilidad hacia el medio ambiente: la conciencia ecológica ha aumentado y la preocupación por el futuro de nuestro planeta es algo a lo que las empresas —también las turísticas— han tenido que adaptarse. Así, la protección ambiental es uno de los objetivos prioritarios de la sociedad actual y, como consecuencia, también de las empresas turísticas: a las empresas les preocupa la imagen que proyectan hacia el exterior y por eso cada vez más empresas del sector están poniendo en práctica algunas pautas ambientales de buenas prácticas. Esto se traduce en beneficios para la empresa, para el medio ambiente y para la sociedad en general: se reducen costes —a través de una adecuada utilización de los recursos— al mismo tiempo que mejora la imagen que la sociedad y los clientes y clientes potenciales tienen de la marca, empresa u organización.

Algunas oficinas de turismo cuentan con un manual de buenas prácticas. Se trata de una herramienta que explica algunas pautas, medidas o mecanismos para mejorar o corregir los procesos y acciones que se realizan en el día a día de la oficina de información turística. Así, podrán orientar su gestión hacia el turismo sostenible y responsable. El objetivo prioritario es producir el menor impacto posible sobre el medio, a la vez que se mejora la calidad del producto y destino turístico: esto tiene como consecuencia que el cliente perciba una imagen más favorable del destino.

Para lograr optimizar los recursos de la oficina de turismo se deben fijar unas pautas a seguir. Estas pautas tienen que ser conocidas por todos los trabajadores de la oficina. A continuación, se expondrán una serie de ejemplos que pueden servir como guía:

Papel

- Cuando sea posible, se intentará imprimir a doble cara con el objetivo de ahorrar papel.

- Las hojas que se puedan utilizar otra vez porque solo están escritas por una cara se dejarán en alguna caja o bandeja. Estas hojas servirán para tomar apuntes, realizar anotaciones o para imprimir archivos que sean para trabajo interno de la oficina. No se utilizarán para imprimir documentos que haya que entregar a los clientes: pueden contener datos o información confidencial y, además, no da buena imagen darle a un cliente una hoja reutilizada.

- El papel que no se pueda reaprovechar o reutilizar porque está escrito por ambas caras se llevará al contenedor de papel más cercano.

- Los sobres donde se guarda la recaudación diaria de la oficina, que suelen utilizarse para llevar el dinero al banco o al Ayuntamiento —en algunos casos se introducen en la caja fuerte— también se reutilizarán siempre que se pueda.

- Los folletos que ya están obsoletos se tirarán al contenedor de papel, para su posterior reciclaje.

- Todos los pósteres que se quitan del escaparate o tablón de anuncios cuando se ha pasado la fecha del evento se tirarán al contenedor de papel más cercano. En algunos casos es posible que exista algún organismo que se encargue de recogerlos para su posterior archivo. En el caso de la provincia de Bizkaia, existe una entidad denominada Archivo histórico eclesiástico de Bizkaia (AHEB-BEHA) que se encarga de archivar fotografías, mapas y planos, ilustraciones, detalles, láminas y dibujos, pósteres y carteles. Las oficinas de turismo de la citada provincia envían mensualmente los pósteres a este organismo, que se encarga de codificarlos y archivarlos.

- Suele ser recomendable contar con una destructora de papel para poder destruir documentos que tienen datos personales y confidenciales que no pueden ser mostrados a nadie. Periódicamente, el contenedor de la destructora se vaciará para su posterior reciclaje.

- En la actualidad, todos los folletos y mapas se encuentran disponibles en formato pdf. Por ello, se intentará no enviar documentación en papel por correo ordinario como se realizaba hasta hace algunos años. Será más recomendable enviar por *e-mail* los archivos como documento adjunto, para disminuir el gasto en papel y ahorrar también recursos económicos derivados de los envíos.

Consumibles

- Habitualmente, la empresa que se encarga del mantenimiento de la fotocopiadora / impresora suele recoger los cartuchos y toners usados para su posterior reciclaje. Sería recomendable almacenarlos en el almacén de la oficina hasta que la empresa encargada los recoja.

- Además, algunos ayuntamientos disponen de un servicio de recogida de cartuchos, *toners* y similares o de un punto limpio en el que se pueden depositar este tipo de consumibles.

Plástico

- Los residuos de plástico que se generen en la oficina se reciclarán en el contenedor habilitado a tal efecto.

Consumo eléctrico

- Es necesario asegurarse de que todas las luces y equipos informáticos están apagados cuando se cierra la oficina al finalizar la jornada laboral.

- Los días en los que hay menos personal trabajando en la oficina, se intentará no encender todos los ordenadores. Lo más recomendable es utilizar un único ordenador por cada informador que esté atendiendo al público, evitando en la medida de lo posible tener varios ordenadores encendidos si únicamente hay una o dos personas trabajando.

1.12. Informática y tecnologías de la información aplicadas a los centros de información turística

Cada vez son más evidentes los beneficios que ofrecen la informática y las nuevas tecnologías en cualquier sector empresarial. En el turismo también, al igual que en otros ámbitos, la informática se ha vuelto totalmente imprescindible, facilitando el trabajo de informadores turísticos, recepcionistas de hotel —y otras figuras profesionales del sector hotelero como comerciales, dirección, etc.—, agentes de viajes, empresas de transportes y alquiler de vehículos, museos y recursos turísticos, entre muchas otras.

La informática y la conexión a internet son totalmente imprescindibles hoy en día para trabajar en cualquier empresa de servicios. Tanto es así que los profesionales que, tras finalizar sus estudios, se han incorporado al mundo laboral en los últimos años, desde el comienzo han trabajado con ordenador. Por ello, sería impensable realizar las mismas tareas sin el apoyo informático. En ocasiones cuesta imaginar cómo trabajaban antes los recepcionistas de hotel o los agentes de viajes sin un ordenador con acceso a internet. Procedimientos tan simples como la formalización de una reserva de hotel en una agencia de viajes o registrar a un cliente desde la recepción de un hotel se hacían más complicados y dificultosos sin las facilidades que actualmente nos brindan las nuevas tecnologías.

En las oficinas de información turística los equipos informáticos y el acceso a la red son también totalmente imprescindibles. No tanto a la hora de facilitar información al turista, ya que el soporte principal o la «herramienta de trabajo» son el mapa o los folletos de la zona. En este caso la informática es necesaria para el trabajo interno de la oficina de turismo: cumplimentar y procesar encuestas de satisfacción, elaborar estadísticas e informes, trasladar al organismo pertinente los datos relacionados con el perfil de los usuarios de la oficina, lograr la retroalimentación y comunicación con los organismos y empresas del sector, responder a las demandas que los turistas hacen vía *e-mail,* etc.

También el turista percibirá de forma positiva la utilización de las nuevas tecnologías en la oficina de turismo. En ocasiones, el centro de información turística pone a disposición de los visitantes ordenadores con acceso a internet para recabar información turística de la zona. En el exterior de algunas oficinas se han instalado puntos de autoinformación turística disponibles las 24 horas del día para que los interesados puedan buscar información turística a cualquier hora. Todo ello ayudará a que el turista conciba que se encuentre en un destino moderno e innovador, adaptado a las necesidades actuales y a las exigencias del turista del siglo XXI. Así se conseguirá una satisfacción mayor del visitante y que la opinión general que se lleve del destino supere sus expectativas iniciales.

1.12.1. Búsqueda, almacenaje y difusión de la información

No hay que olvidar que la principal función de las oficinas de turismo es la de facilitar información turística a los turistas, asesorándolos y orientándolos. Todo ello conlleva a que la búsqueda de información turística por parte de los informadores sea constante y continua durante gran parte del día. Debido a las numerosas fuentes que existen, será necesario que los informadores busquen y localicen información en distintas webs, que la comparen y que la analicen, para posteriormente difundirla a los interesados. Todo esto sería imposible sin la ayuda de los equipos informáticos. Aunque las principales demandas que realizan los turistas en el destino son simples y se pueden resolver con un mapa o plano del destino, es necesario que las oficinas de turismo estén preparadas para las consultas más complejas en las que se hace imprescindible recabar información más completa en las webs de organismos o empresas del sector.

Así, se conseguirá que el turista perciba una imagen positiva del destino, y esto hará que prolongue su estancia o que decida repetir su viaje en un futuro. El objetivo es aumentar su consumo en los establecimientos y empresas de la zona, creando riqueza y aumentando la calidad de vida de las familias.

1.12.2. Procesado y adaptación de la información para los diferentes soportes y las diferentes vías de difusión de la información: atención personal, telefónica, webs —webs 2.0—, descargas a móviles, puntos de autoinformación

Hoy en día es de suma importancia que las empresas diseñen también contenidos y herramientas informáticas que se adapten a dispositivos móviles. Gracias a las nuevas tecnologías y a internet, las oficinas de información turística pueden mejorar la gestión de sus tareas. Por ejemplo, estas son algunas funciones que pueden realizar las oficinas de turismo gracias a las nuevas tecnologías:

- Actualizar la información en las webs y bases de datos en tiempo real.

- Almacenar y procesar datos.

- Mejorar el archivo y la gestión de la información y de la documentación.

- Posibilidad de presentar y enviar a los interesados información y documentación en varios tipos de soportes distintos, tanto impresos como digitales. Así, se adaptará y personalizará la documentación para cada una de las personas que realiza una demanda —ya sea presencial o no presencial— en una oficina de información turística.

- Promocionar el destino y las actividades que se realizan en el mismo.

- Interactuar con los clientes y clientes potenciales, así como con la administración, empresas del sector, etc.

- Mejora de la calidad en la atención al cliente, ya que el informador turístico puede localizar al momento cualquier tipo de información gracias a internet. Estos avances tecnológicos permiten, tanto a los clientes como a los informadores, realizar las siguientes funciones: reservas de visitas guiadas en recursos turísticos y monumentos, acceso a todo tipo de información y folletos turísticos y mapas (disponibles en formatos pdf y similares), reserva y compra de productos y servicios turísticos, etc.

- Facilidad a la hora de archivar la documentación relacionada con las empresas turísticas del destino, recursos turísticos, etc. En las oficinas de información turística es necesario archivar grandes cantidades de datos e información, por lo que las nuevas tecnologías han facilitado enormemente el almacenaje y difusión de la información.

Por lo tanto, cada vez es más fácil archivar la documentación en distintas fuentes y soportes variados, para también poder acceder de forma rápida, cómoda y segura a dicha información, localizándola fácilmente.

Para los clientes y turistas, también son numerosas las ventajas que ha tenido la introducción —o irrupción— de las nuevas tecnologías en el sector turístico. Algunas ya han sido mencionadas en las líneas anteriores, puesto que al mismo tiempo son ventajas para las oficinas de información turística y para sus usuarios. Estas son las ventajas que los turistas pueden encontrar gracias a las nuevas tecnologías:

- Sistemas *bluetooth,* audioguías, etc., para poder realizar visitas guiadas en cascos históricos y museos de forma más autónoma.

- Posibilidad de participar en blogs, foros y páginas de opinión relacionadas con los destinos y empresas turísticas.

- Facilidad a la hora de visualizar vídeos e imágenes de los distintos destinos, tanto los oficiales que crean y producen las administraciones turísticas como las que comparten los turistas que han viajado al destino. También se posibilita la realización de visitas virtuales a un destino o monumento sin moverse de casa.

AUDIOGUÍAS

Las audioguías permiten realizar un recorrido autónomo por un museo o recurso turístico sin necesidad de ir acompañados por un guía. Se trata de un dispositivo que contiene la grabación de la explicación necesaria para entender e interpretar lo que el turista está viendo. Suelen estar disponibles en varios idiomas. Cada una de estas paradas tiene un número —que está indicado en un cartel—: cuando el turista llega al punto, tiene que pulsar en la audioguía el número correspondiente a la parada, y la locución sonará de forma automática.

Además de los clásicos audífonos, cada vez se está avanzando más hacia la vanguardia tecnológica: aplicaciones móviles para *smartphones* y similares son cada vez más habituales en los recursos turísticos. Las audioguías se van convirtiendo en herramientas modernas y sofisticadas adaptadas a las exigencias del turista del siglo XXI. Estas herramientas permiten enriquecer las visitas a los museos, monumentos y recursos turísticos. También son más interactivas que las audioguías tradicionales, por lo que cada vez más centros artísticos y recursos culturales se han sumado a la iniciativa de acogerse a estas nuevas fórmulas.

El objetivo de la audioguía es que la visita aumente su valor educativo y que se enriquezca la experiencia de la visita al museo. En algunos casos, estos dispositivos se solicitan en la entrada del museo, de forma gratuita o previo pago. Pero cada vez

En la imagen puede verse el cartel de la parada número once, correspondiente a la Capilla del Cristo. Se trata de una de las paradas del recorrido autoguiado que trascurre por el interior del Castillo de Javier, en Navarra. Este importante monumento permite que sus visitantes elijan entre la visita guiada o la visita libre audioguiada. Además, las audioguías están disponibles en varios idiomas, por lo que este sistema permite que turistas de otras nacionalidades puedan obtener un mejor aprovechamiento de la visita.

son más habituales las aplicaciones móviles que se descargan de forma gratuita con antelación a la visita. En caso de que no se pueda descargar con el móvil o de que el visitante no posea un teléfono inteligente, algunos museos ofrecen la opción de alquilar una *tablet,* —como es el caso del Museo Arqueológico Nacional— para poder ir leyendo la información a lo largo de la visita.

El Museo Nacional de Ciencias Naturales también cuenta con una aplicación para poder seguir las diferentes exposiciones. No es el caso de otros museos que cuentan todavía con un servicio de audioguías clásico, como el Museo Nacional del Prado.

Un caso a destacar es el del Museo de la Real Academia de Bellas Artes de San Fernando, en Madrid. Este museo cuenta con una aplicación que se descarga en el móvil con el wifi del museo. Utiliza un sistema de geolocalización que guía al visitante por las instalaciones y salas del museo, aportándole información sobre los cuadros que tiene delante de manera automática.

Otras herramientas

Generalmente, la primera toma de contacto que el turista potencial realiza con el destino que va a visitar es a través de la red. Por ello, las administraciones tienen que ser especialmente cuidadosas a la hora de diseñar y elegir el material que colgarán en internet. Cada vez es más imprescindible que los organismos turísticos y las empresas del sector cuenten con las siguientes herramientas:

- La existencia de versiones móvil de la mayoría de los portales de internet para poder acceder con el móvil o *tablet* desde cualquier lugar.

- Opción de localizar rutas, itinerarios o cómo llegar a un determinado punto. Además, también existe la posibilidad de visualizar el lugar con Street View, mapas, etc.

Un ejemplo a destacar es el de Zaragoza. El Ayuntamiento de esta ciudad ha habilitado una oficina virtual para que los interesados puedan realizar diferentes trámites y gestiones a través de esta herramienta:

- Realización de visitas virtuales.

- Acceso a la tienda *online.*

- Enlaces a los distintos servicios que ofrece Zaragoza Turismo: bus turístico, visitas guiadas, etc.

- Enlaces a la galería de monumentos de la ciudad, a la agenda cultural, a noticias, publicaciones, congresos, etc.

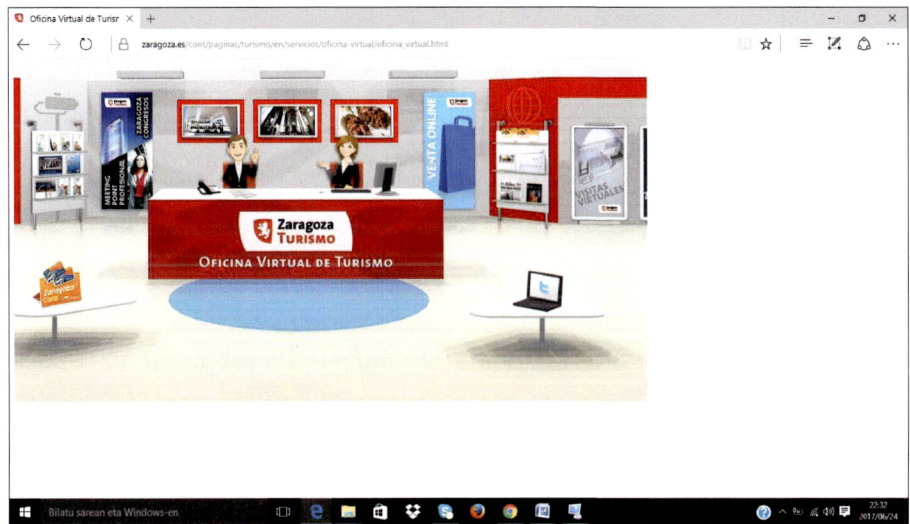

Página de inicio de la Oficina Virtual de Turismo de Zaragoza.

Además, en las oficinas de turismo físicas que Zaragoza Turismo tiene en distintos puntos de la ciudad, también se ponen a disposición de los usuarios distintas herramientas tecnológicas que harán más sencilla la experiencia del turista. Algunas de ellas son las siguientes:

- Utilización de *smartphones* para la realización de encuestas de satisfacción.

- Disponen de ordenadores que funcionan como punto de información.

- Cuando la oficina está cerrada, es posible acceder a la información a través del código QR.

- También ofrecen servicios de información a través del teléfono turístico y chat, disponibles todos los días de la semana en horario de 10.00 a 20.00, en los que se reciben todo tipo de consultas. Asimismo, se pueden solicitar folletos turísticos y horarios que se envían al momento en formato PDF. De este modo, el turista potencial puede realizar las dudas que le vayan surgiendo mientras navega por la página web, por lo que puede obtener respuesta a sus cuestiones al momento y de forma inmediata.

Las nuevas tecnologías están implantadas en el día a día de las oficinas de turismo y por ello es importante que los informadores turísticos tengan conocimientos de las principales herramientas que se utilizan: Word, Excel, bases de datos, internet, correo electrónico, Photoshop, redes sociales... Que el informador turístico posea estos conocimientos es igual de importante que los idiomas, la formación en turismo o el conocimiento de los recursos turísticos del destino.

Códigos QR

Los teléfonos inteligentes ofrecen la posibilidad de consultar, buscar y compartir cualquier tipo de dato e información en tiempo real, además de interactuar con otras personas, tanto antes del viaje, durante y después. Esto es, gracias a estos dispositivos cualquier persona tiene más facilidades para acceder a la información y para compartirla. Un ejemplo de ello son los denominados «códigos QR».

En el año 2013 el Ayuntamiento de Zaragoza diseñó cuatro rutas en el interior del cementerio de Torrero.

- La ruta denominada «Arte Funerario» muestra la producción artística —tanto la arquitectura como la escultura— que existe en el cementerio, desde el siglo xix hasta la actualidad. Son 26 paradas en las que el visitante podrá conocer el legado fúnebre de esta ciudad aragonesa.

- El recorrido que lleva por nombre «El cementerio, un lugar de Memoria» está compuesto por seis puntos relacionados con la Guerra Civil y la postguerra. En este cementerio yacen los restos de miles de personas asesinadas durante el siglo xx y este itinerario recorre los principales puntos relacionados con la temática: Monumento a los caídos, Memorial a las víctimas de la violencia franquista, fosas para las víctimas, capilla de los caídos, etc.

- La ruta «Personas ilustres» tiene 31 paradas que explican la vida de los personajes más ilustres de Zaragoza. La mayoría de ellos están ubicados en la parte más antigua del cementerio.

- El «Itinerario artístico» acerca al visitante a las obras artísticas de época contemporánea de mayor importancia.

Todas ellas consiguen sacar a la luz y mostrar a todos los interesados la riqueza social, cultural, artística e histórica de este cementerio que se fundó en el año 1834. El objetivo es poner en valor la riqueza patrimonial de este recinto funerario, y que los ciudadanos visiten el cementerio con un fin diferente al habitual. Gracias a unos códigos QR instalados en las paradas de cada ruta, es posible conocer más detalles que interesan al visitante: la cultura y la vida social de la Zaragoza del siglo pasado, dónde y cómo fallecieron los personajes más ilustres que yacen en el cementerio, etc. Además de poder leer la información que aporta datos del fallecido, también es posible conectarse a otros *links* en los que se puede encontrar información relacionada con la temática. A su vez, esta información también se puede obtener en formato audio, haciendo la visita accesible a personas con discapacidad auditiva.

Por otra parte, junto a cada tumba incluida en la ruta «Personas ilustres», además del código QR, se ha instalado un cartel que aporta al visitante datos sobre el fallecido. Esto aporta autonomía a los visitantes, pudiendo realizar la visita por su cuenta pero sin que ello suponga una pérdida de información.

Otro ejemplo similar se puede encontrar no muy lejos del anterior, en la localidad de Belchite (Zaragoza). Además de las visitas guiadas que ofrecen desde la
oficina de turismo, se han instalado varios paneles con códigos QR en distintos
puntos de la localidad, para facilitar que los visitantes y turistas puedan obtener
más información y conocer más a fondo cada una de las historias que esconde
este municipio que fue bombardeado en el año 1937.

Códigos QR puestos a disposición
de los interesados en la localidad
zaragozana de Belchite.

Reservas de *parking*

Otra novedad bastante desconocida en el sector turístico es la de las reservas *online* de plazas de aparcamiento. Aunque no es un servicio exclusivo para turistas, muchos viajeros que visitan un destino hacen uso del servicio de *parking* en la ciudad visitada.

La página web https://parclick.es/ pone a disposición de los interesados la posibilidad de hacer las reservas *on-line* en *parkings* de más de 280 ciudades. Al hacer la reserva y efectuar el pago, se envía automáticamente un código al *e-mail*. Con este localizador es posible acceder al *parking* de forma directa.

Cabecera de la página de inicio de la web https://parclick.es/

Además de esta página, existen otras similares, como las siguientes:

https://reserva.telpark.com/es

https://www.parkapp.com/

https://www.onepark.co/es

https://parkimeter.com/es

Todas ellas ofrecen la posibilidad de reservar *parkings* en distintas ciudades de diferentes países.

AUTOEVALUACIÓN

Señala si son verdaderas o falsas las siguientes afirmaciones.

1.1. A la hora de clasificar las demandas que se reciben en una oficina de turismo, el criterio más utilizado es el de distinguir entre solicitudes genéricas y solicitudes específicas.

1.2. Los envíos de documentación turística y folletos que se realizan a otras oficinas de turismo y empresas generalmente no se realizan desde la propia oficina de turismo, sino que es el ayuntamiento el que lleva a cabo esta tarea.

1.3. En cuanto a las fuentes de información turística, las fuentes privadas son las que proporcionan el INE, Turespaña y otros organismos o administraciones turísticas.

1.4. Es importante que la oficina de turismo tenga establecido un protocolo de atención al cliente para así conseguir que todos los informadores ofrezcan un trato homogéneo a sus clientes y usuarios.

1.5. La web de Turespaña (www.spain.info) únicamente ofrece información turística de las capitales de las provincias españolas.

1.6. No es necesario llevar un registro de la documentación que se saca del almacén de la oficina de información turística. Cuando haya pocas existencias de un determinado folleto se realizarán los pedidos correspondientes.

1.7. Existen diferentes tipos de soportes para obtener la información o documentación turística: el papel o formato físico y el electrónico o digital.

1.8. Cada vez es más habitual que las oficinas de turismo proporcionen información turística en formato digital (Word, PDF o similar) para ahorrar papel y así invertir menos recursos económicos.

1.9. La red Tourist Info es la red de Oficinas de Información Turística de Euskadi.

1.10. Las oficinas de turismo no pueden facilitar a sus visitantes información de temáticas no turísticas como servicios sanitarios (ambulatorios y hospitales), seguridad (comisarías de policía), bibliotecas, farmacias, etc.

2. Información e interpretación del patrimonio cultural y natural del entorno local

Contenidos

2.1. Análisis de los recursos y servicios del destino turístico

2.2. Principios y objetivos de la interpretación del patrimonio

2.3. Medios interpretativos personales y no personales

2.4. Adaptación de la información a los distintos soportes y vías de distribución de la información

2.5. Adaptación de la información en función de tipos de grupos o turistas destinatarios

2.6. Integración e interrelación de información

El perfil del turista ha cambiado estos últimos años. Los viajeros ya no quieren ser meros espectadores de su viaje, quieren vivir experiencias de forma activa, quieren ser partícipes y protagonistas, desean realizar actividades que les permitan descubrir el lugar. Parte de esa necesidad de interactuar con el entorno es la interpretación del patrimonio. Por supuesto, esta interpretación no se realiza de la misma forma para todas las personas: se deberá adaptar el mensaje transmitido al público que se tenga delante. No solo es importante lo que se transmite, sino cómo se transmite.

2.1. Análisis de los recursos y servicios del destino turístico

El turista suele ser el «salvavidas» de muchas zonas rurales que pueden ver en esta industria una vía de desarrollo. El turismo puede traer a estas regiones muchos beneficios: posibilidades de empleo a los jóvenes —frenando el éxodo rural—, aumento de la riqueza de las familias del entorno, etc. No obstante, no todos los destinos pueden ser susceptibles de ser desarrollados turísticamente, y el turismo no es siempre el milagro que puede conseguir que cualquier destino salga del declive en el que está inmerso. No es posible considerar que el turismo es la única solución para estas zonas rurales, por lo que el primer paso es comprobar si el territorio tiene realmente un potencial de desarrollo turístico suficiente como para poder convertirlo en un destino de turismo. Para ello, sería necesario realizar una evaluación que analice la oferta, la demanda, la competencia, las tendencias del mercado, las oportunidades y amenazas, las debilidades y fortalezas, etc.

2.1.1. Necesidades y expectativas de los distintos segmentos de mercado

Aunque cada segmento de mercado tiene —en función de su perfil— unas necesidades distintas y una forma muy diversa para satisfacer sus expectativas, todos los turistas del siglo xxi tienen una visión muy similar de lo que significa para ellos la actividad turística.

El turista actual presenta unas características muy distintas con respecto al viajero de hace algunas décadas. A continuación, se detallarán algunos aspectos que pueden ayudar a analizar el perfil del turista del siglo xxi, que al mismo tiempo representan las principales tendencias del sector turístico para los próximos años:

- Calidad-Precio. Al turista actual le gusta consumir, pero mirando mucho el precio y la calidad de los productos que adquiere. No le importa invertir en viajes un porcentaje de su salario, pero siempre y cuando el servicio merezca la pena y la calidad esté a la altura para satisfacer las expectativas generadas. Además, los consumidores del siglo XXI piden garantías y seguridad en los productos que compran, recaban información y comparan precios y productos antes de tomar la decisión de compra.

- Fragmentación de las vacaciones. Hasta hace algunos años, era más habitual el mes completo de vacaciones en agosto, en el que la familia se mudaba a un destino vacacional. Los nuevos viajeros ya no desean realizar un único viaje de mayor duración al año. Hoy en día, los consumidores suelen optar por realizar más viajes de menor duración repartidos en distintas épocas del año y a diferentes destinos, adquiriendo una variedad cada vez más amplia de productos turísticos.

- Multiconsumidor. Los viajeros realizan diversos viajes a lo largo del año y, por lo tanto, en cada viaje consumen productos turísticos distintos. Mientras que en un viaje pueden realizar turismo cultural, para el siguiente elegirán turismo de naturaleza, turismo deportivo, turismo urbano, turismo activo o turismo de sol y playa. Los viajeros ya no son fieles a un producto o destino turístico, y desean probar experiencias y lugares nuevos en cada viaje.

- Aumento del nivel de exigencia. Los consumidores actuales son más exigentes porque tienen un nivel de formación, cultural y de conocimientos más alto que hace algunas décadas. Además, han viajado más, cuentan con más experiencia y tienen un acceso mayor a la información. Esto hace que aumente su nivel de exigencia porque tienen claro lo que buscan, lo que quieren y cómo lo quieren.

- Es un turista más activo. Busca experimentar, interactuar con la población local y con el entorno, descubrir las cosas desde una perspectiva distinta. Busca ser partícipe de sus vacaciones, no un simple espectador. Solo así podrá ver satisfechas sus necesidades.

- La economía colaborativa se consolida en los viajes. Cada vez más viajeros utilizan webs como Blablacar o Airbnb, por lo que el sector turístico tendrá que ir ajustándose y acoplándose para convivir con esta nueva realidad que se ha implantado en muy poco tiempo. Las ventajas que ofrecen estas webs no son solamente las económicas (por tener bajos precios), puesto que hay muchos viajeros que buscan alternativas en cuanto a alojamiento y transporte, eligiendo opciones más personales —menos frías— que les permitan vivir experiencias nuevas. Esta economía colaborativa está comenzando también en las visitas guiadas y en la gastronomía, puesto que ya existen webs que permiten reservar una comida en casa de una persona que vive en el destino turístico elegido. Así, los turistas conocen gente local mientras se adentran en las costumbres del lugar, probando los platos típicos de la región.

- Aumento de las webs de valoraciones de clientes. Los sitios de valoraciones y opiniones de destinos, productos y servicios turísticos siguen aumentando el número de visitas y de participantes. Aunque la primera web en crearse fue TripAdvisor, en el año 2000, han proliferado los sitios en los que los viajeros pueden publicar sus opiniones y experiencias en hoteles, restaurantes, museos, etc. Hoy en día, la mayoría de los viajeros consulta estas webs antes de elegir un destino o alojamiento turístico, siendo además —para muchos viajeros— un factor determinante a la hora de elegir el hotel en el que pasarán sus vacaciones.

- Interés por los viajes éticos y responsables. Cada vez la sociedad está más concienciada con la necesidad de preservar los recursos naturales y el medioambiente. Esto también implica valorar la importancia de respetar las culturas autóctonas de los destinos turísticos que se visitan. Los viajes que tienen como objetivo que el turista conviva con la comunidad local están creciendo estos últimos años. Así, es posible realizar un viaje al desierto marroquí para convivir durante unos días con una familia nómada de bereberes, entre muchas otras opciones en todos los rincones del mundo. Gracias a este turismo sostenible y ético, y a las vacaciones solidarias que cada vez están más en auge, se consigue repartir la riqueza entre las comunidades locales y las familias de la zona. Así, se minimizan los impactos negativos que se generan con el turismo de masas, promoviendo un turismo responsable en todos los aspectos. También existen opciones de voluntariado que tienen como objetivo colaborar en algún proyecto de índole social en las comunidades más necesitadas de países del tercer mundo.

- Cada vez es más habitual realizar algún viaje o escapada de última hora, de forma improvisada y sin haber planificado el viaje con antelación. Entre la gente joven, cada vez es más frecuente decidir al momento dónde pernoctar ese día, ya que a través del móvil se pueden realizar reservas desde cualquier lugar. También es habitual llegar a un destino sin saber cuánto tiempo se permanecerá en él, decidiendo sobre la marcha quedarse en el lugar o acortar la estancia para partir hacia el próximo punto del itinerario.

Además, es importante que la oficina de información turística tenga establecido un protocolo de atención al cliente. Este protocolo será el mismo para todos los segmentos de clientes que acudan a la oficina, y estas pautas serán válidas para cualquier usuario de la misma. Gracias a estos protocolos y procedimientos, el cliente recibirá una atención muy similar y homogénea independientemente de quién sea la persona que le ha atendido. El objetivo es mejorar la atención al cliente y aumentar la calidad del servicio prestado, para que la satisfacción del turista se vea aumentada, logrando así satisfacer sus expectativas. En los siguientes apartados se analizarán con más detalle las pautas de actuación que se siguen en las oficinas de información turística para ofrecer a sus usuarios un servicio homogéneo y de calidad.

A continuación, se expondrán una serie de consejos o recomendaciones que el informador turístico tendrá que tener en cuenta cuando desee comunicarse con un cliente externo o interno. Estas normas básicas a tener en cuenta en el proceso de comunicación son las siguientes:

Claridad y precisión

El mensaje que se quiera emitir tiene que ser preciso, claro y conciso. Intentar aportar información demasiado compleja o extensa puede ser un error, ya que el interlocutor puede comprender mal el mensaje que se le ha transmitido. Por eso, se recomienda utilizar frases cortas y claras, sin tecnicismos ni palabras en otras lenguas.

Preguntar

Es recomendable realizar preguntas al cliente para saber qué tipo de información necesita, para conocer sus intereses y así poder ofrecerle una información más adaptada a sus necesidades. Pero no es bueno caer en el error de realizar demasiadas preguntas, el usuario podría sentirse intimidado.

Detenerse antes de hablar

Pensar antes de hablar no es una opción, sino una obligación. En el lenguaje oral es más difícil respetar esta norma. Por eso es imprescindible guardar la calma y pensar la respuesta antes de decirla.

La asertividad

Ser asertivo es el valor más importante en cualquier relación interpersonal, puesto que ayuda a mantener unas relaciones sociales efectivas. La asertividad implica que la persona actúe en función de sus propios intereses, defendiendo sus ideas y opiniones propias de forma adecuada y directa —sin ansiedad y sin agresividad—, pero observando también las de los demás. Esto es, se defenderán los derechos propios sin negar los de los demás, respetando también los intereses y opiniones de las otras personas.

La escucha activa

Realizar una escucha activa es imprescindible. Todas las escuchas deberían ser activas. La escucha activa es la clave para que comunicarse con los demás sea efectivo y se pueda lograr una comunicación de calidad. Si no se escucha activamente a la otra persona, la comunicación no tendrá calidad y no se podrá conseguir una comunicación de éxito: es necesario captar las necesidades de los demás, sus sentimientos y emociones.

2.1.2. Posibles segmentaciones del destino para responder al mercado

En la actualidad, hay diversos nichos de mercado que están marcando la tendencia en el sector turístico. Esto hace que la industria turística sea cada vez más heterogénea, puesto que todos estos nuevos perfiles de clientes tienen gustos muy diversos y demandan una atención personalizada, adaptada a sus necesidades, intereses y demandas. A continuación, se detallarán algunos de los nichos de mercado más característicos que están en auge en los últimos tiempos.

- *Centennials.* También conocidos como la Generación Z, son la generación de los jóvenes que nacieron entre 1995 y 2010. Viven constantemente conectados a la red a través del móvil y buscan información e interactuación en tiempo real. Son un tipo de cliente muy participativo, porque opina en diversas webs, comparte fotos y vídeos a cada instante, etc. Algunas fuentes aseguran que este tipo de viajeros consulta más de diez fuentes distintas antes de realizar una reserva turística. Son los turistas que más suelen solicitar acceso a internet gratuito y de alta velocidad. Tienden a compartirlo todo en redes sociales, y por eso es importante que las empresas turísticas estén en estas redes, con el fin de poder captar la atención de este segmento de mercado.

- DINKs: es la abreviatura para denominar *Double Income No Kids*, esto es, dos sueldos sin niños. Se refiere a las parejas que han decidido posponer la maternidad/paternidad o que han decidido no tener hijos. Cuentan con ingresos medios-altos y por ello disponen de más tiempo para viajar y también de un presupuesto mayor para dedicarlo al ocio y a los viajes. Pueden realizar más viajes a lo largo del año, a destinos más lejanos y exóticos y además suelen viajar en épocas en las que no viajan las familias con niños, por lo que también es beneficioso para disminuir la estacionalidad. Evitan destinos familiares de sol y playa y entornos masificados, decantándose por adquirir otro tipo de productos turísticos, así como destinos menos explotados y más auténticos.

- BoBo's: es el acrónimo para denominar a los *Bohemian Bourgeoise,* esto es, los burgueses bohemios. Son personas con un nivel de vida acomodado que huyen de las actividades relacionadas con su estatus social. Tienen una sensibilidad social y ecológica mayor que otros segmentos y eligen conocer culturas exóticas interactuando activamente con la comunidad local.

- Los viajeros de lujo. Son los turistas VIP y son un nicho muy diferenciado porque son personas muy viajadas, por lo que tienen mucha experiencia y unas exigencias más altas que otros segmentos. Quieren que cualquier servicio que demanden se reciba con la máxima calidad posible.

- Familias con niños. Algunos hoteles están especializados en acoger a familias con niños, adaptando los servicios y las instalaciones a este tipo de clientes. Ofrecen piscinas con parques acuáticos o toboganes, facilidades a la hora de elegir menús infantiles, personajes de dibujos animados, animación infantil, etc.

- *Singles.* En España hay 4,4 millones de hogares unipersonales (en los que reside una sola persona), un 28 % del total. Cada vez hay más personas que deciden viajar solas, siendo este un nicho de mercado que crece cada año.

- Familias monoparentales. En los últimos años se ha disparado el número de divorcios, separaciones y el de las personas que deciden ser un solo progenitor (madre o padre), por lo que el número de familias monoparentales cada vez es mayor. Por eso, cada vez es más habitual que el padre o la madre viajen solos con uno o varios niños. Solo en España, hay casi dos millones de hogares monoparentales.

- PANK. Las llamadas «tías profesionales» (del inglés *Profesional Aunts, No Kids*) no son muy conocidas en Europa pero en países como Estados Unidos es un fenómeno que cada vez estás más en auge. Son mujeres sin hijos que se llevan a los sobrinos de vacaciones.

- *Halal.* Así es denominado lo que está permitido o lo que es admisible para un viajero musulmán en cuanto a comida, trato, actividades a realizar, etc. En este nicho de mercado están incluidos tanto los musulmanes que residen en Europa como los turistas que provienen de países árabes.

- Clientes que viajan con mascota. En muchas ocasiones, el animal es el verdadero protagonista de la familia y del viaje. El dueño está en la obligación de buscar alojamientos que admitan el acceso a animales, por lo que el animal es el que condiciona el destino, el transporte y el alojamiento.

Otra forma de clasificar a los clientes es atendiendo a su personalidad. Teniendo en cuenta este aspecto, es posible encontrar diversos tipos de clientes. Si el profesional turístico aprende a diferenciarlos, podrá atender a cada uno de forma personalizada en función de sus características.

- El cliente desconfiado. Este cliente suele realizar muchas preguntas, pero tiende a desconfiar y a poner en duda todo lo que el vendedor le explica. Este tipo de cliente necesita que el profesional le demuestre las cosas mostrándoselas, en lugar de explicándoselas con palabras. Serán necesarios datos, cifras, explicaciones concretas, argumentaciones con base, etc., para demostrarle que está eligiendo el producto adecuado. A la hora de tratar con ellos, es necesario ser pacientes y tener perseverancia, informándoles detalladamente.

- El cliente indeciso. Le cuesta muchísimo tomar decisiones y decidirse por un producto concreto. Pasa mucho tiempo pensando y valorando los beneficios de cada uno de los productos y teme equivocarse y arrepentirse de su decisión. Realiza muchas preguntas y busca información de cada uno de los productos, analizando todas las opciones existentes. No quiere hacer una compra rápida, prefiere hacer una compra que haya merecido la pena aunque esta sea más lenta y le lleve más tiempo. A la hora de atenderle es necesario hablar con firmeza y seguridad, para intentar convencerle de los beneficios de ese producto. Será necesario ponerse en su lugar y que se dé cuenta de que se le comprende y se le está recomendando la opción más favorable para él.

- El cliente objetivo. Este cliente quiere datos concretos de los productos, quiere información fiable y verídica. Suele estar muy informado de lo que le interesa, por lo que espera que el vendedor esté todavía más informado y le pueda dar explicaciones más concretas sobre las características del producto. El vendedor tendrá que estar preparado para satisfacer esas demandas de información, para estar a la altura de lo que este cliente espera de él. El cliente espera que el vendedor sea un profesional que esté en pleno conocimiento del producto.

- El cliente impaciente. Este cliente busca soluciones rápidas al instante, por lo que el profesional tendrá que estar preparado para darle una información breve y escueta, explicando lo importante y dejando de lado detalles menos transcendentales.

- El cliente amistoso y amable. Suele ser fácil tratar con ellos y son clientes que escuchan atentamente las explicaciones del profesional. Para atenderles, es necesario ser amables y no ser impacientes, escuchar lo que solicitan para darles la información que hayan demandado y así poder satisfacer sus necesidades.

- El cliente agresivo. Generalmente interrumpen constantemente de forma agresiva y poco asertiva pero son ellos los que se sienten interrumpidos. Se consideran triunfadores y creen tener siempre la razón. Tienden a pensar que les están engañando. A la hora de tratarlos, es preferible no alargar demasiado el encuentro e intentar que tome las decisiones rápidamente, para evitar así un posible conflicto. Hay que hablarles con seguridad, sin demostrar timidez o duda.

- El cliente tímido y silencioso. Hablan muy poco y suelen escuchar más que hablar, por lo que atienden con mucha atención lo que dice el profesional y suelen fiarse totalmente de las opiniones y asesoramiento de este. Para entablar una conversación con ellos, es preferible no realizar preguntas abiertas, puesto que se quedarán sin saber qué decir: es más recomendable realizar preguntas de respuesta cerrada.

- El cliente rutinario. No suele estar dispuesto a cambiar, no le gustan los cambios y opta por comprar siempre el mismo producto. A la hora de tratarlos, es conveniente ir al grano y darle únicamente la información que necesite, sin ampliar demasiado las explicaciones.

- El cliente negativo. Suele rechazar cualquier alternativa que se le ofrezca, puesto que ninguna le satisface como él necesita. Piensa que ninguna de las opciones es la correcta para él. A la hora de tratarle, es recomendable presentar argumentos firmes de lo que se dice, para que no vea que hay dudas y así no darle motivos para desconfiar del profesional.

- El cliente positivo. Son decididos y tienen confianza en ellos mismos. Piensan que ellos tienen la verdad absoluta, que solo ellos tienen la razón y que están mejor informados que nadie, por lo que les gusta decidir de manera autónoma. Toman las decisiones de forma relativamente rápida y sencilla. A la hora de tratar con ellos, no se les llevará la contraria. Es necesario escuchar su opinión y felicitarles por la opción elegida.

2.2. Principios y objetivos de la interpretación del patrimonio

La interpretación del patrimonio se puede definir como «el arte de revelar *in situ* el significado del legado natural y cultural público que visita esos lugares en su tiempo libre», según la web de la AIP (Asociación para la Interpretación del Patrimonio).

Freeman Tilden realizó la primera definición de la interpretación, y la definió como: «una actividad educativa que pretende revelar significados e interrelaciones a través del uso de objetos originales, por un contacto directo con el recurso o por medios ilustrativos, no limitándose a dar una mera información de los hechos».

El Queensland National Parks and Wildlife Service de Australia define la interpretación como: «el proceso de estimular y alentar el aprecio en los visitantes por su patrimonio natural y cultural».

Paul Risk realizó una definición clara y concisa, diferente al resto: «La interpretación, sea a través de charlas o por otros medios, es exactamente lo que la palabra quiere decir: la traducción del lenguaje técnico y a menudo complejo del ambiente, a una forma no técnica —sin por ello perder su significado y precisión—, con el fin de crear en el visitante una sensibilidad, conciencia, entendimiento, entusiasmo y compromiso».

La denominada Countryside Commission for Scotland definió la interpretación como: «el arte de explicar al público el carácter de un lugar, especialmente a los visitantes casuales, de forma que tomen conciencia del significado del sitio que visitan y desarrollen el deseo de conservarlo».

La División de Bosques y Parques de Massachusetts definió la interpretación como: «la actividad educativa que revela a los visitantes los rasgos naturales y culturales, la gestión de los recursos y los elementos recreativos de un bosque, un parque, etc.».

John MacFarlane definió la interpretación como: «el proceso de comunicación que pretende que el visitante descubra el significado de cosas, lugares, personas y acontecimientos».

Freeman Tilden (2006) realizó el listado de los principios de la interpretación del patrimonio. Larry Beck y Ted Cable también realizaron anteriormente su listado de principios en el año 1989. A continuación, se explicarán algunos de estos principios, a modo de síntesis, con el fin de que se pueda conocer qué es —y qué no es— la interpretación del patrimonio.

- Facilitar información no es interpretación. La interpretación incluye información pero no toda la información se puede considerar interpretación. La interpretación es revelar una verdad.

- La interpretación es un arte que tiene como objetivo revelar una verdad, no se trata de facilitar una serie de datos. La interpretación tendrá que contar una historia que informe, entretenga e ilustre, pero, al mismo tiempo, los datos y la información proporcionados tendrán que ser reales, verídicos, tendrán que estar actualizados y ser de calidad.

- El intérprete perseguirá el objetivo de conseguir que los visitantes relacionen lo que están viendo con algo que sea conocido para ellos, con algo de la vida cotidiana. Esto es, habrá que relacionar el patrimonio con la experiencia y la personalidad de los visitantes, consiguiendo así un mensaje relevante, interesante y atrayente para los receptores.

- No es útil proporcionar una serie de datos que los visitantes olviden en el momento: lo más importante será conseguir que el discurso les enganche. El interpretador del patrimonio tendrá como objetivo conseguir provocar una serie de sensaciones y sentimientos en las personas, una reacción positiva para con la temática analizada.

- La interpretación que se dirige a niños tendrá un discurso propio, con actividades específicas y un enfoque basado en el público al que se dirige. Así, el discurso deberá adaptarse a las edades y conocimientos de los visitantes. No obstante, el objetivo no será simplificar el discurso de los adultos, el fin será adaptarlo —que no simplificarlo— a la edad de los participantes: se necesitarán recursos, técnicas y métodos específicos.

- La interpretación versará sobre una temática o idea central y todos los mensajes que se transmitan estarán relacionados con esa idea principal.

- Es importante que el intérprete conozca y aplique las técnicas básicas de comunicación, tanto de la verbal como de la no verbal. Así, la comunicación bidireccional será imprescindible, por lo que es necesario tener una interactuación constante con el visitante.

Habiendo analizado los principios de la interpretación del patrimonio, conviene explicar ahora cuáles son los objetivos de esta interpretación.

- Favorecer la sensibilización de la sociedad en cuanto a la conservación del patrimonio, tanto del cultural como del natural.

- Apoyar la conservación del patrimonio a través de la educación en valores.

- Simultanear la conservación del patrimonio con el uso público del mismo, siempre y cuando sea un uso respetuoso y sostenible.

- Planificar las necesidades materiales y los recursos humanos que se necesitarán para poner en valor el patrimonio.

- Realizar visitas guiadas de calidad, consiguiendo una plena satisfacción del visitante.

A la hora de interpretar el patrimonio, existen diferentes medios o herramientas de los que el interpretador o guía puede valerse para la correcta ejecución de sus tareas. Los más habituales son los audiovisuales (vídeos, reportajes, diapositivas, etc.), paneles explicativos y divulgativos, sistemas de audio (audioguías) y centros de interpretación.

2.3. Medios interpretativos personales y no personales

La interpretación del patrimonio es un proceso de comunicación que tiene como objetivo que el interpretador o guía de patrimonio facilite una serie de informaciones a su público, con el objetivo de que estos puedan comprender el lugar en el que se encuentran. Para ello, es necesario la utilización de una serie de medios interpretativos, tanto personales como no personales. En las siguientes páginas se analizarán estos medios que se utilizan en la interpretación del patrimonio.

2.3.1. Medios personales: visitas guiadas

VISITAS GUIADAS

En la actualidad, todos o casi todos los municipios que cuentan con oficina de turismo tienen, como parte de su listado de servicios ofrecidos, visitas guiadas por el casco histórico del municipio o a otros recursos turísticos de interés. Generalmente, son los informadores turísticos de la oficina de turismo los que realizan estas visitas. En otras ocasiones, estas visitas las realizan los guías de turismo, que poseen una habilitación administrativa que les autoriza para ejercer como guías profesionales.

Muchos museos y edificios o sitios históricos de interés (catedrales, castillos, yacimientos arqueológicos, etc.) realizan también visitas guiadas para grupos y/o visitantes individuales. Se trata, sin duda, de la mejor forma de poder entender el pasado que esconde el lugar, consiguiendo que el viajero se acerque más al destino y lo comprenda mucho mejor.

Hoy en día, cada vez son más diversas las tipologías de visitas guiadas que se pueden encontrar como parte de la oferta de un destino turístico. El objetivo es ofrecer una variedad mayor y un amplio abanico de posibilidades, para satisfacer a los distintos segmentos de mercado. De ahí que, cada vez es más habitual encontrar destinos que ofrecen visitas guiadas nocturnas. Por ejemplo, el caso de la localidad de Belchite (Zaragoza) es algo curioso y particular. Este pueblo fue totalmente destruido en la Guerra Civil española y se ha conservado casi intacto, puesto que el pueblo no fue rehabilitado y las ruinas han perdurado en todo ese tiempo. Para aprovechar ese legado que la historia nos ha dejado, se ofrecen visitas diurnas en las que se narra la batalla de Belchite y se explican las consecuencias de la guerra, con el fin de que el visitante pueda acercarse más a la historia estremecedora de este rincón. En las visitas nocturnas se recorren las ruinas del pueblo, adentrándose en el misterio y oscurantismo de los siglos XVII y XVIII, tiempos en los que los aquelarres y los asesinatos eran los protagonistas. Además de escuchar diversas leyendas que cuentan los guías, en una de las iglesias se reproducen las psicofonías que allí han sido grabadas desde hace algunos años.

Vista general de las ruinas de Belchite, con la Iglesia de San Martín de Tours que predomina en el paisaje.

Una de las vías principales de lo que fue el antiguo Belchite.

Visitas guiadas nocturnas

Hoy en día infinidad de ciudades y monumentos ofrecen visitas nocturnas: la Mezquita de Córdoba, la Alhambra de Granada, la Alcazaba de Málaga, el Real Alcázar de Sevilla o la ciudadela de Jaca (Huesca). El conjunto arqueológico de la ciudad romana de Itálica, ubicado en Santiponce (Sevilla), también ofrece visitas guiadas nocturnas, al igual que el Castillo de San Felipe de Menorca o el Palacio de las Dueñas de Sevilla.

El Monasterio de Yuso, sito en la localidad riojana de San Millán de la Cogolla y conocido mundialmente por ser la cuna del castellano, ofrece los sábados estivales visitas guiadas nocturnas.

Salamanca ofrece visitas guiadas nocturnas para conocer de cerca las torres de la catedral —acompañadas con juegos de luces y sonido—, ofreciendo además una panorámica única: la posibilidad de ver Salamanca iluminada desde el mejor mirador de la ciudad.

El Teatro-Museo Dalí, ubicado en la localidad de Figueres (Girona) lleva más de 25 años realizando visitas guiadas nocturnas en la época estival: desde las 22.00 hasta la 1.00 de la madrugada los visitantes pueden realizar una visita distinta a la habitual. Toledo, Vitoria-Gasteiz, Valladolid y un larguísimo etcétera son algunas de las ciudades españolas que ofrecen al visitante la opción de recorrer sus calles a la luz de la luna de la mano de un guía experto que les adentrará en las curiosidades e historias de la ciudad.

En el caso de Vitoria-Gasteiz, se realizan dos tipos de visitas guiadas nocturnas, denominadas «Vitoria de Leyenda» y «Vitoria de Leyenda II». El objetivo es conocer la cara oculta de la ciudad y contar a los asistentes los secretos, leyendas, antiguos crímenes, desapariciones, apariciones fantasmales, hechos inexplicables y tragedias que ocurrieron años atrás. La ruta «Vitoria de Leyenda» habla de curiosidades como la del fantasma Andresito, que todavía se le ve y escucha en el edificio de Hacienda; se cuenta la historia de la plaza del Machete, donde se cortaba la cabeza a los dirigentes traidores; y se conoce, entre otras, la historia de los restos humanos que se encontraron recientemente en el palacio de Villa Suso. La segunda ruta se interna por las calles de los gremios del Casco Viejo para rememorar los crímenes del asesino en serie llamado «Sacamantecas», también se explican hechos curiosos como la misteriosa aparición del espíritu del Beato Tomás de Zumárraga, y se desvela el milagro que se esconde en el Museo de los Faroles.

Debido al éxito que tuvieron estas visitas, ampliaron la oferta de visitas guiadas y diseñaron una ruta dedicada únicamente a la historia del Sacamantecas. Así, en esta actividad se narra el pánico que se vivió en el pequeño y apacible pueblo de Vitoria-Gasteiz alrededor del año 1870, cuando apenas había 20.000 habitantes y era la de menor índice criminal de España. Se vivieron una serie de asesinatos brutales que los visitantes de esta actividad tendrán oportunidad de rememorar, recorriendo algunos de los lugares relacionados con estos hechos.

No obstante, no solo los edificios históricos y grandes ciudades ofrecen visitas nocturnas, también es posible disfrutar del patrimonio natural cuando el sol ha caído. El Parque Natural de las Hoces del Río Duratón, en la provincia de Segovia, ofrece un recorrido nocturno en el que poder escuchar los aullidos de los lobos y sentir la fauna que despierta en las horas nocturnas. El Parque Natural de la Sierra de Mariola (en la provincia de Valencia) ofrece visitas guiadas nocturnas para poder conocer el parque desde otra perspectiva. En La Granja de San Ildefonso (Segovia) se ofrecen rutas a caballo para admirar las perseidas o lluvias de estrellas fugaces que tienen lugar cada año a mediados de agosto. Cada vez son más los lugares de España que ofrecen visitas guiadas para admirar el firmamento y conocer los astros de la mano de un guía experto en astroturismo o turismo estelar.

Algunas de estas visitas nocturnas también son teatralizadas: la del Faro de l'Albir (Alicante), el Castillo de Ponferrada (León), la ciudad de Lerma (Burgos), el Monasterio de San Salvador de Celanova (Ourense), el cementerio de San Amaro (A Coruña) o el Museo Arqueológico de Alicante, las localidades de Navarrete y Arnedo (La Rioja) o el Monasterio de Santa María la Real de Nájera (La Rioja).

En la época de la berrea, en los meses de septiembre-octubre, son muchos los espacios naturales que realizan visitas nocturnas para escuchar este concierto tan espectacular que ofrece la naturaleza. En esta época del año, los ciervos entran en celo e intentan atraer a las hembras emitiendo impresionantes sonidos. El mejor momento del día para presenciar la berrea es la caída del sol, y es cuando se realizan visitas sensoriales en las que es necesario agudizar todos los sentidos. Algunos de los espacios naturales en los que se puede disfrutar de un itinerario guiado para presenciar la berrea son los siguientes: Parque Nacional de Doñana (Andalucía), Parque Nacional de Cabañeros (Castilla-La Mancha), Parque de Salburua (Euskadi), Parque Natural de los Alcornocales (Andalucía), Selva de Irati (Navarra), Reserva Natural Protegida de Saja-Nansa (Cantabria), Parque Natural del Gorbea (Euskadi), Sierra de Cazorla (Andalucía), Parque Nacional de Monfragüe (Extremadura), Sierra Morena (Andalucía), Sierra de Hornachuelos (Andalucía), Reserva Natural de Boumort (Cataluña), Sierra de la Culebra (Castilla y León), Parque Natural de las Ubiñas (Asturias), Parque Nacional Picos de Europa (Asturias, Castilla y León y Cantabria), y un largo etcétera.

VISITAS GUIADAS TEATRALIZADAS

Las visitas guiadas teatralizadas son una de las principales estrategias que se utilizan en la actualidad para la dinamización del patrimonio cultural. Consisten en realizar una visita temática de una forma más lúdica y participativa. Hay uno o varios actores caracterizados de personajes de la época o de figuras ilustres relacionadas con la temática de la visita. Suelen realizarse distintas escenas de corta duración, por lo que los actores realizan una pequeña interpretación en cada uno de los puntos o paradas del recorrido. Generalmente, a estos personajes les acompaña el guía de turismo que, además de hacer de narrador de la historia, ofrece explicaciones históricas y técnicas. En multitud de ocasiones, los espectadores forman parte activa de la experiencia, actuando y participando de manera improvisada en algunos de los pasajes de la historia.

Como ejemplo puede nombrarse a la empresa Sapo Producciones, una compañía de teatro de Logroño creada en el año 1995. Desde entonces, ha diseñado montajes y rutas teatralizadas en multitud de localidades, principalmente en La Rioja, Álava y Navarra. Desde el 2004, cada año son más los ayuntamientos que contratan sus servicios para la puesta en escena de estas visitas guiadas teatralizadas, que cada día son más numerosas y cuentan con un éxito en aumento.

Multitud de ciudades riojanas han contado con la presencia de sus rutas guiadas, como Logroño, Alfaro, Calahorra, Arnedo, Haro, Soto en Cameros... Las visitas no solo se pueden realizar por las calles, ya que también se llevan a cabo en el interior de monumentos como el Monasterio de Santa María la Real de Nájera o el Museo de la Romanización de Calahorra. En la Rioja Alavesa también realizan cada verano visitas guiadas teatralizadas en localidades como Elciego, Laguardia, Labraza, Salinillas de Buradon, etc.

En estas visitas, como indica Sapo Producciones en su página web, los visitantes tienen la oportunidad de revivir de la mano de un guía los momentos más interesantes de la historia de cada ciudad. Ellos proponen una manera diferente y atractiva de disfrutar y entender el pasado, viviendo los momentos clave de la historia como si el espectador fuera el protagonista y los estuviera viviendo en directo, trasportándolo a la antigüedad. Así, se trata de una herramienta diferente y divertida de descubrir una localidad, un lugar emblemático o un monumento histórico, a través de un recorrido en el que van surgiendo por sorpresa diferentes escenas teatrales con sus pintorescos e históricos personajes. En todos los casos, estos individuos que ellos caracterizan son figuras importantes que tuvo la zona en tiempos remotos, por lo que es una manera divertida de acercar la historia a todas las personas.

A continuación se expondrán algunos ejemplos de visitas guiadas que la compañía Sapo Producciones ha llevado a cabo en estos últimos años.

Visitas teatralizadas en Labraza (Álava)

Labraza pertenece al municipio de Oion (Álava) y se encuentra ubicado a escasos 12 kilómetros de Logroño y en los límites con Navarra. Tierra fronteriza desde tiempos remotos, conserva el sabor medieval en todos sus rincones y preserva varias torres que defendieron su casco histórico de forma ovalada. Las callejuelas y edificaciones han sido restauradas en su totalidad recientemente.

Su muralla ganó en el año 2008 el Premio Mundial de Ciudades Amuralladas, galardón que reconoce a los proyectos que realizan una buena gestión y conservación de murallas históricas. Para conmemorar este acontecimiento, se realizaron visitas teatralizadas, que tuvieron una gran repercusión y una afluencia de visitantes inimaginable, quedándose cientos de personas en lista de espera. Debido a ello, estas visitas teatralizadas se han venido repitiendo cada año durante la época estival, con el objetivo de mostrar a sus visitantes la historia de la Labraza medieval.

Aunque el escenario es el mismo, los personajes y guiones van cambiando cada año. Las obras o escenas las realizan los actores de la compañía, y las risas están garantizadas durante las dos horas que dura el espectáculo.

Gracias a estas visitas, cualquiera podrá conocer los entresijos y las formas de vida en la Edad Media de este pequeño núcleo de población que, debido a su situación estratégica, era punto de luchas entre los reinos de Castilla y de Navarra.

Imágenes de las visitas guiadas teatralizadas celebradas en el año 2008,
tras recibir el Premio Mundial de Ciudades Amuralladas.

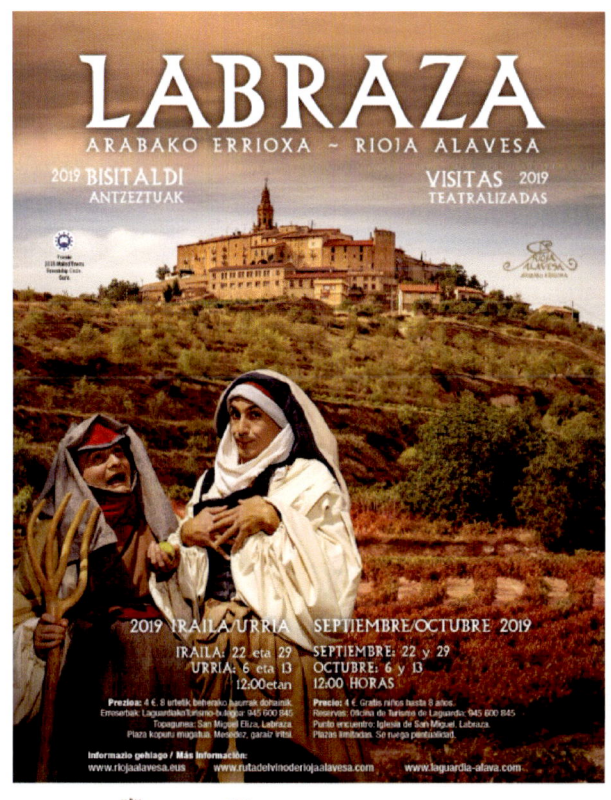

Cartel de las visitas teatralizadas a Labraza del año 2019.
Autoría: Cuadrilla de Laguardia-Rioja Alavesa.

Instantánea de una de las visitas guiadas teatralizadas de Labraza,
en el verano del año 2015.

Visitas teatralizadas en Laguardia (Álava)

Laguardia es la capital de la comarca de Rioja Alavesa. En esta localidad se han realizado visitas durante varios años consecutivos, y suelen estar tematizadas en el personaje histórico del fabulista Félix María de Samaniego, ya que esta era su villa natal.

En estas visitas, se van recorriendo —de la mano de un guía— los distintos lugares que tuvieron relación con este célebre escritor del siglo XVIII. Entre otras, escribió fábulas tan conocidas como *La zorra y las uvas*, *La gallina de los huevos de oro* o *La cigarra y la hormiga*. Así, el objetivo es introducir al visitante en el conocimiento de la vida y obra del artista, todo ello amenizado con distintas escenas teatralizadas que tienen lugar en diferentes puntos del recorrido. En cualquier lugar puede aparecer un personaje que representa a un amigo o familiar del fabulista —ataviados con los trajes de aquel periodo— contando e interpretando diversos aspectos y andanzas de su vida, recreando así las hazañas de la época.

Instantáneas de las visitas teatralizadas en honor al fabulista Samaniego, en las calles de Laguardia, en diciembre de 2018.

Visitas teatralizadas en Arnedo (La Rioja)

Esta ruta teatralizada discurre por diferentes enclaves de la localidad, y acerca a los participantes en un viaje hacia atrás en el tiempo de la historia de los dominios de los Banu Qasi en el siglo VIII. El recorrido comienza en el Castillo de Arnedo, para adentrarse después en el casco antiguo, avanzando así en el tiempo y en los albores de la historia, a través de distintas épocas y escenas.

Imagen tomada en el Castillo de Arnedo, en una de las visitas guiadas teatralizadas de dicha localidad, durante el verano del 2019.

Por ello, se puede afirmar que hay regiones y zonas en las que estas visitas son un motor importante para el desarrollo del turismo local y para la interpretación del patrimonio, que trae como consecuencia una mayor difusión de la historia local así como la concienciación de la importancia de preservar el patrimonio, la historia y las costumbres locales.

OTROS TIPOS DE VISITAS GUIADAS

Existen otras tipologías de visitas guiadas:

- **Audioguías**. Son grabaciones en formato digital. Se graban las distintas rutas de una ciudad y/o explicaciones de un monumento o museo en un MP4 o similar y el turista puede ir escuchando los audios a su ritmo. Irá realizando diversas paradas que están numeradas, para saber qué locución tendrá que escuchar en cada punto del recorrido. Al entregar el dispositivo al visitante, se le suele facilitar un plano del itinerario a seguir. En ocasiones el servicio es de pago pero también puede ser gratuito. Se suele solicitar una fianza económica o un documento de identidad como garantía de que el usuario devolverá el dispositivo al finalizar la visita.

- **Bus turístico.** Las principales ciudades turísticas españolas cuentan ya con un autobús turístico. Tomaron la idea hace ya varios años de las grandes ciudades europeas. Madrid, Barcelona, Málaga, Valencia, Zaragoza, Córdoba o Bilbao son algunas de las ciudades que cuentan con este servicio, fundamentalmente enfocado a turistas. Caracterizados por su inconfundible color rojo —en la mayoría de los casos—, este autobús recorre las principales calles céntricas de la ciudad, realizando distintas rutas o itinerarios para acercar a los turistas a los recursos turísticos de visita imprescindible. El viajero puede subirse y bajarse tantas veces como quiera en la misma jornada, pagando un precio único por día, con el que tiene incluidos todos los viajes que quiera realizar. Durante el recorrido se va escuchando una locución en diversos idiomas que explica los puntos más interesantes de este.

La ciudad de Ávila ha puesto en funcionamiento un nuevo servicio de visitas guiadas. Similar a los autobuses turísticos que recorren muchas ciudades de todo el mundo, un pequeño vehículo denominado TukTuk ofrece visitas guiadas diurnas y nocturnas. Se trata de una forma diferente, divertida y cómoda de descubrir la ciudad. La ruta discurre por los principales monumentos y puntos de interés de la ciudad, tanto intramuros como extramuros.

Cartel promocional de las visitas en TukTuk de la ciudad de Ávila.

- **Coche de caballos o calesas.** Aunque son más tradicionales y habituales en Andalucía, también pueden encontrarse en otras ciudades españolas (como en Palma de Mallorca) e incluso fuera de nuestras fronteras (como en Luxor, Egipto). El conductor ofrece información de los principales lugares por los que discurre el itinerario. Es un paseo privado que se realiza para una pareja o familia, por lo que los recorridos pueden elegirse a la carta.

- **Taxis turísticos.** Cada vez son más las ciudades que cuentan con este servicio. Suelen diseñarse diversos itinerarios, para que cada turista elija el que mejor se adapte a sus necesidades. Cada ruta tiene distintos puntos de interés, en los que se dan explicaciones en diversos idiomas, a petición del usuario. Es el propio taxista el que va narrando las explicaciones correspondientes a cada uno de los puntos en los que se va parando. También puede resolver dudas, facilitar información turística, etc.

- **Paseos en burro.** En algunas ciudades, como en Granada, ofrecen este servicio denominado «burrotaxi», principalmente enfocado a las despedidas de solteras. Se pueden elegir distintas alternativas: paseos desde media hora, una hora o dos horas, rutas de día completo, salidas de varios días, etc. No obstante, es una actividad poco respetuosa con los animales, por lo que es mejor evitarla para practicar un turismo ético y sostenible.

- **Paseos aéreos.** Los más habituales son los paseos en globo que ofrecen multitud de empresas repartidas por varios rincones de la península. En algunas ocasiones también es posible realizar la excursión en helicóptero o en avioneta. La empresa Siempre en las Nubes ofrece la opción de volar sobre las ciudades Patrimonio de la Humanidad del centro de la península: Toledo, Segovia, Salamanca, Aranjuez... También realizan salidas a parajes y parques naturales, a petición de los clientes. La empresa Álava en Globo propone distintas actividades para grupos, para empresas, para particulares e incluso vuelos privados para parejas. También ofrecen vuelos en paracaídas, tanto en Euskadi como en las provincias limítrofes.

- *Kayak.* También son abundantes las empresas de turismo activo que ofrecen excursiones en *kayak* por la inmensa mayoría de ríos. Generalmente es una actividad guiada, aunque en ocasiones también puede realizarse por libre, y consiste en descender algunos metros o kilómetros de un río. Algunos ejemplos podrían ser el río Ebro a su paso por Tudela (Navarra), el afamado descenso del Sella en Asturias, la travesía por el Delta del Ebro (Tarragona), el descenso de los ríos Urumea o Urola en Gipuzkoa, la ruta desde Santa Pola hasta la isla de Tabarca (Alicante), el descenso del río Gállego (Huesca-Zaragoza) o la travesía en el Parque Natural de las Lagunas de Ruidera (Ciudad Real). Muchos pantanos y embalses también ofrecen servicio de alquiler de piraguas, generalmente sin guía: en distintos puntos del embalse del Ebro como Arroyo de Valdearroyo (Cantabria) o Arija (Burgos), en los numerosos embalses que salpican la provincia de Huesca (embalse de Barasona, embalse de Mediano, pantano El Grado o embalse de Joaquín Costa), en el embalse de Arenós (Castellón), en el embalse de El Burguillo (provincia de Ávila) o en el embalse del Tranco (Jaén). En algunos de estos itinerarios, cuando son guiados, se realizan rutas interpretativas haciendo paradas en los lugares más emblemáticos de mayor interés natural y cultural.

Relacionado con lo anterior, también son habituales otras actividades como *rafting, hidrospeed, canoraft, banana surf, paddle surf,* vela, etc.

Piraguas en la localidad de l'Estartit (Girona).

Grupo de piraguas delante de las islas Medes (catalogadas como
Parque Natural), desde la localidad de l'Estartit (Girona).

- **BTT.** Las rutas en bicicleta de montaña son numerosas en muchísimas comarcas naturales. Existen rutas de diferente nivel, duración, longitud y dificultad, aptas para personas de todas las edades. En algunas localidades también se ofrece servicio de alquiler de bicicletas, principalmente en puntos por los que discurre alguna Vía Verde o alguna ruta de gran importancia. Con respecto a las vías verdes, existen multitud de empresas repartidas por toda la península que proporcionan el servicio de alquiler de bicicletas para recorrer una vía verde. Por ejemplo, los interesados en recorrer la Vía Verde del Carrilet pueden alquilar bicicletas en Olot (Girona), punto de partida del antiguo trazado ferroviario. Los viajeros que quieran pedalear por la Vía Verde de la Sierra también podrán alquilar bicicletas en la localidad gaditana de Olvera.

En Euskadi el Gobierno Vasco creó varios centros BTT en distintos puntos de las tres provincias: Centro BTT Izki-Montaña Alavesa (Álava), Centro BTT Valderejo —Añana (Álava), Centro BTT Urdaibai— Busturialdea (Bizkaia), Centro BTT Debabarrena (Gipuzkoa) y Centro BTT Tolosaldea (Gipuzkoa). Son lugares estratégicos y privilegiados por su belleza paisajística, por lo que el viajero podrá descubrir la diversidad de verdes del paisaje vasco. En cada uno de estos centros hay un punto de acogida en el que se facilita información relacionada con las rutas existentes en la zona: circuitos cartografiados y señalizados de distintas dificultades, rutas, etc. También facilitan información turística de la zona: recursos turísticos, alojamiento, restauración, etc. Además del servicio de alquiler de bicicletas y GPS, los centros cuentan con vestuarios, duchas y zona de lavado de bicicletas.

Estampa de la Vía Verde del Ferrocarril Vasco-Navarro entre las estaciones de Otazu y Aberasturi (Álava).

- **Segway.** El *segway* es un vehículo de transporte ligero giroscópico con auto-balanceo que se lanzó al mercado en 2001. Tiene dos ruedas y es apto para ser usado por cualquier persona, por lo que está indicado para todas las edades. El usuario debe inclinarse hacia la dirección que quiera coger, y se pueden alcanzar 15-20 km/hora. Los *segways* se utilizan para hacer rutas muy variadas. Por ejemplo, en el medio natural se pueden realizar recorridos por viñedos, para rodear un embalse, en itinerarios paisajísticos y un largo etcétera. Pero donde más se utilizan es en el centro de las grandes ciudades: en muchas de ellas existe un servicio de alquiler de *segways* y también se ofrecen itinerarios guiados en los que todos los participantes —incluido el guía— van subidos en uno. También se emplean en el interior de museos o monumentos, puesto que es una forma rápida y sencilla de recorrer distancias largas, por lo que son una buena opción para que personas de la tercera edad puedan realizar visitas guiadas que a pie no podrían realizar.

En el sur de Navarra se encuentra el Parque Natural de las Bardenas Reales de Navarra, declarado Reserva de la Biosfera por la Unesco. Es el paraje desértico más grande de Europa —tiene 45 kilómetros de norte a sur y 24 kilómetros de este a oeste— y cuenta con rincones muy pintorescos que evocan paisajes lunares.

Aunque el parque tiene distintas zonas muy diferentes entre sí tanto por su singularidad histórica como por su atractivo natural, la más espectacular es la denominada Bardena Blanca: es la zona más desértica y allí se encuentra el cabezo de Castildetierra, emblema de las Bardenas y punto más fotografiado del parque. También hay barrancos con ríos estacionales, cerros, mesetas y otros cabezos que han sido creados por la erosión del agua y del viento.

Allí es posible realizar recorridos a pie, en bicicleta, en coche o en 4x4. Además, desde hace algunos años, hay una empresa que organiza rutas guiadas en *segway* por este impresionante paraje desértico.

Castildetierra, protagonista del Parque Natural de las Bardenas Reales de Navarra.

2.3.2. Medios no-personales: ediciones, material expositivo, exposiciones...

Para satisfacer las demandas de información de los usuarios de una oficina de turismo se utilizan distintos medios no personales, como pueden ser ediciones, material expositivo, exposiciones, etc.

Ediciones

Las ediciones son muy habituales en cualquier tipo de empresa o entidad turística. Tanto en hoteles como en museos o en oficinas de información turística se editan folletos y trípticos que sirven para informar acerca de los servicios que ofrecen, precios, datos de contacto, etc.

Estos folletos de carácter general —que incluyen información genérica de los principales recursos turísticos y servicios del destino— se ofrecen casi siempre de forma gratuita a cualquier interesado, al igual que los mapas y planos. No obstante, hay algunos tipos de ediciones más completas, técnicas o específicas que tienen un precio de venta. Este es el caso de las guías de senderismo que incluyen mapas desplegables e información más técnica.

En la actualidad, todas las oficinas de turismo disponen de esta documentación en formato digital para poderla enviar vía *e-mail* a los usuarios que la soliciten.

Ejemplo de fichas de senderismo correspondientes al GR 1 que se venden en algunas oficinas de turismo y/o librerías de las regiones por las que pasa el itinerario.

Libros y ediciones en venta en la Oficina de Turismo de Borja (Zaragoza).

También las guías turísticas eran muy habituales hasta hace algunos años. Todas las librerías vendían guías que tenían como objetivo informar sobre los recursos turísticos de un espacio determinado concreto. En estas publicaciones también se analizan algunos de los hoteles, restaurantes o locales de interés para el turista, realizando recomendaciones y asesorando al turista sobre qué lugares visitar.

Existen guías que abarcan la totalidad de un país o parte del mismo, una comunidad autónoma, una provincia o una ciudad. En la actualidad su venta ha disminuido considerablemente debido a que toda la información que ofrecían estas guías se puede encontrar fácilmente en la red. Además, el perfil del turista actual opta por utilizar otros medios de información, como páginas web de opiniones, por ejemplo, porque confía más en la opinión subjetiva de una persona que ha viajado al destino que de una opinión más objetiva que ofrece una guía turística.

Por otra parte, si un viajero decide buscar información de un destino en internet, podrá obtenerla sobre la totalidad de los hoteles y/o restaurantes existentes en el lugar. Por el contrario, las guías de viaje ofrecen información únicamente de los hoteles y restaurantes que el autor de la guía ha considerado recomendables. También es habitual que las empresas paguen por aparecer en estas guías con una buena puntuación. Por lo tanto, la información de las guías es más subjetiva.

Algunas de estas guías también se comercializan en formatos digitales, en soportes tipo CD o se pueden descargar por internet.

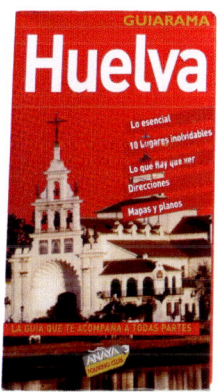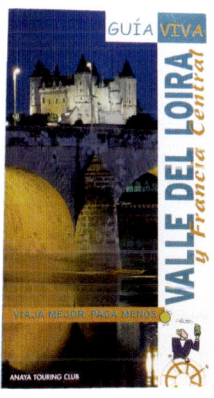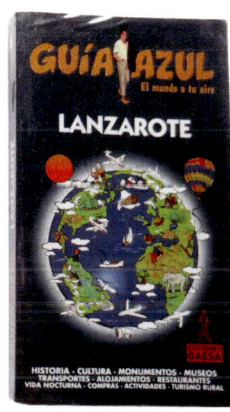

Ejemplos de guías turísticas de varias editoriales: Huelva, de Guiarama (Anaya Touring Club);
Valle del Loira (Francia) de Guía Viva (Anaya Touring Club);
y Lanzarote, Guía Azul (Ediciones Gaesa).

Algunas de estas guías están editadas por empresas que no están relacionadas con el turismo de forma directa, pero sí de forma indirecta: empresas de neumáticos, combustible, etc. Así, consiguen que las personas realicen más desplazamientos, algo que les repercute directamente al conseguir un aumento en sus beneficios.

A continuación, se enumerarán algunas de las guías de viaje existentes en el mercado:

- *Repsol* (antigua guía Campsa). Es una herramienta de referencia para planificar viajes por España, Portugal, Andorra y el sur de Francia. Además de la guía tradicional también se editan guías temáticas de vinos, guías de rutas con denominación de origen y guías de mapas.

Portada de la *Guía Repsol,* edición 2017.

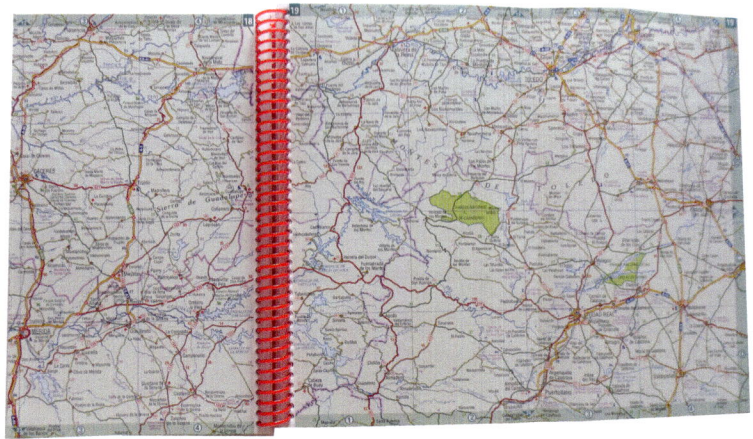

Interior de la *Guía Repsol,* edición 2017.

- *Michelin.* Es la guía europea más antigua de hoteles y restaurantes. Fundada en el año 1900, primeramente era una guía publicitaria que se regalaba con la compra de neumáticos, y tenía como objetivo ofrecer información útil y de interés a los primeros usuarios del vehículo. En la actualidad es muy conocida por asignar una, dos o tres estrellas a los establecimientos gastronómicos que cumplan unos requisitos fijados por la empresa: se valoran, principalmente, la calidad, la creatividad y el esmero de los platos.

- *Baedekers.* Karl Baedeker editó en el año 1828 la primera guía de viaje moderna con el objetivo de proporcionar información útil a los viajeros para que fueran autónomos en sus viajes y pudieran prescindir de los guías turísticos. Se publicaban en varios idiomas y abarcaban casi la totalidad del mundo. La editorial desapareció en el año 1943 y, aunque en la actualidad hay unas guías que se editan con la misma denominación, no tienen ninguna relación con las originales.

- *Guía Trotamundos.* La editorial Anaya Touring edita las *Guías Trotamundos,* que son la traducción de la original francesa *Routard.* Se definen como guías «para viajeros independientes». Tienen dos colecciones: la *Trotamundos Routard,* que ofrece información documentada y exhaustiva de los lugares más emblemáticos paso a paso, detallando todo con detalle; y la *Trotamundos Experience,* más manejable e ilustrada, para llevar en el bolsillo y diseñada para estancias cortas.

- *Guías Azules.* Es la editorial que más años lleva publicando guías prácticas y, de hecho, fueron pioneros en publicar algunos de los destinos. Todavía siguen siendo la única editorial que ha editado guías sobre algunos rincones del mundo. Su colección más exitosa es la denominada *Guía Azul,* que incluye la mayoría de países del mundo.

- *Altaïr.* Aunque ya no se editan estas guías, también ofrecían monográficos relacionados con un destino o un producto turístico concreto.

- *Everest.* Estas guías ofrecen información actualizada con códigos QR. También ofrecen alternativas de ocio y cultura, además de las sugerencias para conocer la ciudad.

- *Bonechi.* Son guías especializadas en historia, arte y arqueología. Cuentan con cuatro colecciones: «Guías de Oro», «Los libros del nuevo milenio», «Arte e historia» y «El Libro de Oro».

Por otro lado, también se encuentran las guías de servicios. Estas las editan las consejerías y departamentos de turismo de las distintas comunidades autónomas y tienen como objetivo resumir en una breve publicación los datos referentes a los alojamientos de la región. También pueden ser editadas por las diputaciones provinciales, y en este caso únicamente incluyen información sobre la provincia. Las más habituales son las que ofrecen información con todos los alojamientos del destino, incluyendo ubicación, imágenes, precios aproximados, servicios ofrecidos al cliente, etc. También suelen publicarse guías enfocadas a dar información específica de un producto turístico de importancia que posea el destino: turismo de congresos y negocios, turismo gastronómico, turismo verde y senderismo, etc.

En la página web oficial de turismo de Castilla-La Mancha hay un apartado para la descarga de folletos. Entre otro tipo de documentación, es posible descargar libros dedicados a la información turística de cada una de las provincias. Como curiosidad, cada libro está traducido a distintos idiomas, en función del perfil de visitante que tenga cada una de las provincias. Así, mientras que el de Guadalajara tan solo está disponible en español, inglés y ruso, el de Cuenca está traducido a seis idiomas.

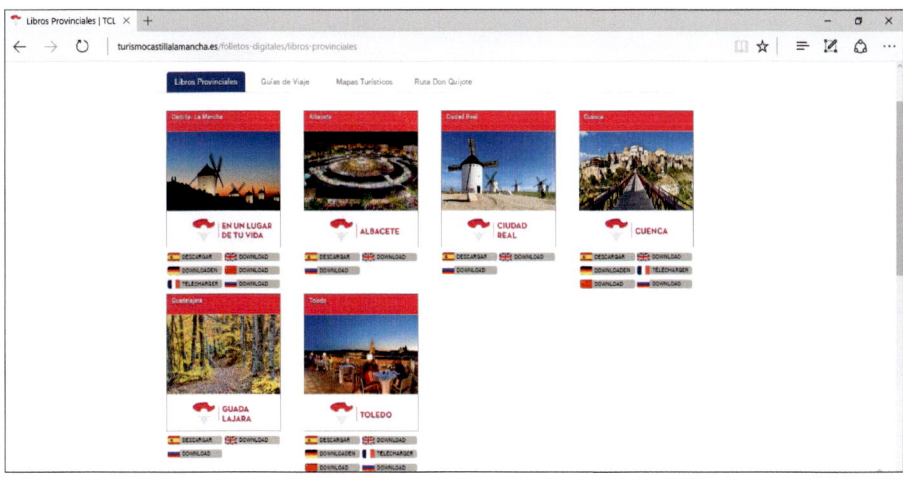

Pantallazo de la web oficial de turismo de Castilla-La Mancha en el que se pueden descargar libros digitales de cada una de las provincias de la comunidad.

Además de estos libros provinciales, también es posible descargar guías de viaje especializadas en distintas temáticas: Parques Arqueológicos, Gastronomía, Castillos, Ruta de los Dinosaurios, Viaje a la Alcarria, y un largo etcétera. También ponen a disposición de los turistas potenciales documentación variada para ser descargada: mapas, etc.

Material expositivo

Cada vez es más habitual encontrar paneles informativos en el exterior de algunos recursos turísticos o puntos de interés. El objetivo es que los turistas, de forma autónoma y libre, puedan obtener información sobre los recursos turísticos más importantes del destino. Así, es habitual encontrar estos paneles en el exterior de edificios de interés como castillos o iglesias, con el objetivo de explicar la historia, construcción y curiosidades del monumento que el turista tiene delante.

Existen infinidad de tipologías y tamaños de paneles, y también distintas temáticas o motivos que llevan a instalarlos. A continuación, se expondrán algunos ejemplos:

Panel informativo junto al río Eska, en la localidad navarra de Burgi, en el Pirineo. Este panel explica en qué consistía el antiguo oficio de las lavanderas, que realizaban sus tareas muy cerca del lugar que hoy ocupa el panel. Este panel, por lo tanto, está relacionado con la etnografía, puesto que tiene como objetivo interpretar un antiguo oficio hoy en día desaparecido.

Este panel informativo, ubicado al igual que el anterior en la localidad de Burgi, explica la historia del Camino Real e informa a los interesados de los datos necesarios para poder seguir el itinerario. Al contrario que el anterior, el objetivo de este panel es interpretar una ruta histórica y natural.

Estos paneles, ubicados en la localidad Navarra de Usun, se encuentran en el mirador de la Foz de Arbaiun. Su objetivo es explicar a los visitantes qué es una foz, cómo se formó y la riqueza faunística que habita en ella.

Ubicados a escasos metros del anterior, este otro cartel muestra las principales especies de aves que habitan en la zona. Las imágenes se encuentran a tamaño real, por lo que es una buena herramienta que se ofrece a los visitantes para que puedan interpretar la fauna local.

También es muy útil beneficiarse de este tipo de elementos en miradores, con el fin de que el visitante pueda interpretar el paisaje que tiene delante, los picos que se vislumbran desde el lugar, las localidades que puede apreciar bajos sus pies, etc.

Este panel informativo se encuentra en lo alto del Puerto de Herrera, provincia de Álava. También denominado como "El balcón de La Rioja", este mirador ofrece una panorámica completa de la comarca de Rioja Alavesa y de todos los montes que la circundan. Este panel informativo facilita información sobre los picos y cordilleras que se aprecian desde el lugar así como de los municipios que se encuentran bajo los pies de la Sierra de Cantabria.

Exposiciones

En el año 2009 se inauguraron en Cataluña los denominados CAT-Centro de Acogida Turística. Estos estaban ubicados en las diferentes regiones o marcas turísticas que dispone la comunidad y su objetivo era ejercer las funciones de centro de información, promoción e interpretación del destino. Se encontraban en puntos estratégicos de estos destinos turísticos, generalmente junto a las principales carreteras y vías de comunicación, en lugares de paso o en la entrada a las comarcas o regiones, para que fuera sencillo y rápido parar y acceder al centro. Facilitaban información comarcal, a diferencia de las oficinas de turismo municipales que se ubican generalmente en el casco histórico del municipio, que suelen ofrecer información principalmente local.

La gestión y titularidad era de la Generalitat de Cataluña.

Cataluña contaba con 10 centros que conformaban la red CAT, y prestaban un servicio de atención integral al turista. Además, cada uno de ellos estaba caracterizado con una temática distinta —en función de la ubicación del centro y de los recursos o tradicionales que ofrece cada destino al visitante— y proporcionaba a los usuarios un espacio de exposición y/o centro de interpretación relacionado con esta temática. Por otra parte, ponía varios servicios a disposición del turista, para así facilitar ese servicio integral: tienda, punto de venta de artesanía, bar, área de descanso, parking, baños públicos, espacio audiovisual, espacio de degustación gastronómica y de productos locales, punto de recepción e información turística y área de exposición para la interpretación de la temática a la que estaba asociado el centro. Algunos también ofrecían otros servicios como alquiler de bicicletas, entre otros.

Los centros que se construyeron y las temáticas a las que estaban adscritos son los siguientes:

- Puigcerdà: El tratado de los Pirineos

- Ripoll: El conde Guifré el Pelós

- Berga: La Patum y las fiestas populares catalanes

- Les: Occitánia y la lengua de OC

- Sallent: La industrialización y el obrerismo

- Montblanc: La Corona de Aragón

- Tortosa: Las 3 culturas (judía, islámica y cristiana)

- Cervera: La Generalitat de Catalunya

- Vilajuïga: Los caminos sagrados

- Teià: La romanización de Cataluña

Pocos años después, la mayoría de estos centros fueron clausurados debido a cambios en los presupuestos de la comunidad y porque el alto coste que generaban hacía inviable el sostenimiento del proyecto. En la mayoría de las localidades que había un CAT existía también una oficina de información turística de gestión municipal, por lo que el servicio de información se duplicaba. Así, se decidió ahorrar recursos y cerrar al público los CAT que estaban situados en los municipios en los que ya existía una oficina de turismo.

Vista general del CAT de Ripoll, uno de los pocos que todavía permanece abierto en la actualidad. Bajo la denominación CAT Can Guetes, su página web indica que es un espacio de encuentro en el que poner en valor la calidad de los productos locales y ecológicos. Ubicado en el kilómetro 0 de las Vías Verdes de los Pirineos, es un referente para los turistas que buscan naturaleza y deporte.

Además, sirve al mismo tiempo como *parking* de autocaravanas.

2.4. Adaptación de la información a los distintos soportes y vías de distribución de la información

Las oficinas de turismo suelen estar divididas en dos zonas perfectamente diferenciadas: *front desk* y *back desk*. El *front desk* es la zona a la que el usuario tiene acceso y es la parte visible para él. El *back desk* es la zona interna de la oficina de información turística a la que el cliente no tiene acceso.

A continuación, se analizará con detalle cada una de ellas.

Front desk

Se trata de la zona visible para el usuario de la oficina de turismo, por lo que es el lugar en el que se produce el servicio de acogida, información y asesoramiento al visitante. Por ser la zona a la que el usuario tiene acceso, habrá que poner una atención mayor a la hora de elegir la decoración, la iluminación, el mobiliario, etc. No solo tendrán que ser confortables para que los informadores puedan desarrollar sus funciones de forma cómoda, también habrá que cuidar la estética porque será la imagen que el usuario se lleve de la oficina de turismo, por lo que la imagen que perciba de la oficina influirá de forma directa en la valoración que el turista se lleve del destino.

Algunas pautas básicas o recomendaciones a tener en cuenta son las siguientes:

- La impresora estará ubicada junto a los equipos informáticos, para no tener que perder tiempo si se imprime algún documento al cliente.

- Las pantallas de los ordenadores estarán ubicadas de forma que el informador turístico pueda estar consultando información sin dar la espalda al visitante, para así mantener un contacto visual directo en todo momento.

- Los mapas del casco histórico y los folletos más demandados se ubicarán bajo el mostrador, para poder entregarlos de forma rápida cuando sea necesario.

- No se deben dejar o acumular papeles sobre el mostrador. Esto dará una imagen de falta de orden y limpieza que hay que evitar.

La zona de autoconsulta y autoinformación tendrá que tener unos expositores o estanterías para que los usuarios puedan buscar la información necesaria de forma autónoma. Esta zona dispondrá de los folletos más habituales y demandados por los turistas. Tendrán que estar organizados de forma que el usuario pueda disponer de la información de forma rápida y eficaz. Este espacio es muy útil, sobre todo cuando hay muchos usuarios esperando y el cliente tiene prisa: si la demanda que pensaba realizar es sencilla y rápida (pedir un mapa, por ejemplo), puede satisfacerla él mismo sin necesidad de esperar la cola. En algunas oficinas se está adecuando esta zona a las nuevas necesidades y demandas de los turistas, instalando ordenadores y puntos de autoinformación en los que poder localizar información turística relacionada con el destino.

El Decreto 279/2003, de 18 de noviembre, por el que se crea la Red Vasca de Oficinas de Turismo —ITOURBASK—, establece que las oficinas adheridas a la red tendrán que tener distintas zonas diferenciadas para los distintos servicios prestados. Cada una de estas zonas deberá estar señalizada y amueblada. De este modo, se establecen las siguientes directrices:

- La zona de atención y consulta tendrá que tener una zona de atención rápida y otra zona de atención personalizada.

- La zona de autoservicio deberá estar dotada de mobiliario para la exposición de material, de manera que permitan el acceso, el orden y la identificación de forma sencilla.

- La zona de exposición tendrá que tener motivos decorativos y elementos referentes a los atractivos turísticos o recursos turísticos relacionados con la oferta del destino.

- Las oficinas de trabajo dispondrán de una oficina de trabajo interno.

- También será imprescindible que todas las oficinas adheridas a la red cuenten con una zona de almacén.

Back desk

Se trata de la zona a la que el usuario de la oficina de información turística no tiene acceso. Al *back desk* únicamente tienen acceso los informadores turísticos que forman parte de la plantilla de la oficina de turismo.

En esta zona se localizan diversas dependencias:

- Zona de almacén. Aquí se clasifica el material y documentación en formato papel (mapas, planos, folletos, etc.). Esta zona, que será de distinto tamaño en función de las necesidades de la oficina y del tamaño de la localidad en la que se ubique, contará con diversas estanterías que tendrán como objetivo mantener ordenada y archivada la documentación. Se podrá ordenar alfabéticamente, siguiendo criterios geográficos, por productos turísticos, etc. Sea cual sea el criterio establecido para ordenar la documentación, todo el personal de la oficina tendrá que conocerlo. Además, tendrán que estar familiarizados con el almacén y deberán conocer a la perfección dónde se ubica la documentación, con el objetivo de que localicen cualquier información demandada por el cliente en el menor tiempo posible.

- Oficina. La oficina es el lugar en el que trabajará el director o responsable de la oficina. Se realizarán, entre otras, las siguientes gestiones internas:

  · Gestión de quejas y reclamaciones.

  · Actividades de promoción.

  · Comunicación con la prensa y los medios de comunicación.

  · Contacto con los organismos oficiales y con las empresas del sector turístico.

  · Elaboración de calendarios y horarios de los informadores turísticos.

  · Procesos de selección, contratación y formación de los nuevos trabajadores de la oficina. Preparación de documentos como contratos, nóminas, etc.

  · Gestión de encuestas de satisfacción y obtención de estadísticas. Elaboración posterior de informes y toma de decisiones

  · Gestión de los datos recogidos sobre el perfil del turista. Envío de dichos datos al organismo responsable.

  · Inventario de los recursos turísticos. Actualización de la información y documentación turística, si procede.

  · Control de calidad.

En municipios de pequeño tamaño suele ser una única persona la que realiza la totalidad de las tareas indicadas, pero, en localidades de mayor tamaño, ciudades grandes y capitales de provincia, es necesario que haya varias personas en el *back desk;* algunas de ellas (principalmente responsables y mandos intermedios) suelen realizar las tareas indicadas unas líneas más arriba y los informadores turísticos (que son distintos a los que están en el *front desk*) realizan la atención al público no presencial, llevando a cabo estas tareas:

  · Responder *e-mails* con solicitudes de información.

  · Atender llamadas telefónicas con solicitudes de información.

Así, mientras desde el *back desk* se da respuesta a las demandas no presenciales que llegan por teléfono y por correo electrónico por parte de los clientes potenciales, en el *front desk* se atiende personalmente al cliente para dar respuesta a las demandas del turista.

2.4.1. Atención personal, atención telefónica y electrónica

En el sector turístico constantemente se utiliza el trato personal, tanto con los clientes o usuarios de los servicios turísticos como con los compañeros de trabajo, proveedores, colaboradores, etc. Asimismo, es igualmente importante y habitual la atención telefónica y la electrónica y, de hecho, cada vez se utiliza más este tipo de contacto no presencial, por lo que es importante comprender las pautas más básicas para lograr una correcta comunicación sea cual sea la forma elegida por el cliente para contactar con la oficina de información turística.

ATENCIÓN PERSONAL

La comunicación verbal es la que utiliza la palabra como método de expresarse y comunicarse. La palabra se puede utilizar de forma oral o escrita. Cuando no se utiliza la palabra como base de la comunicación, se denomina comunicación no verbal, puesto que en lugar de palabras se hará uso de gestos para lograr una comunicación efectiva.

A continuación se expondrán una serie de consejos o recomendaciones que el profesional turístico deberá seguir a la hora de comunicarse con un cliente, con un compañero, con un proveedor o con un superior. Las normas básicas a tener en cuenta en cualquier proceso de comunicación son las siguientes:

Claridad y precisión:

Como ya se ha explicado antes, es imprescindible que el mensaje del profesional turístico sea claro, conciso y preciso. Es preferible el uso de frases cortas y claras. Además, tampoco es recomendable utilizar muchos tecnicismos y palabras en otros idiomas, ya que los clientes pueden no entenderlo. En este caso, el mensaje no sería claro y no se habrá logrado el objetivo del proceso de comunicación.

Preguntar:

No es bueno preguntar demasiado, no es recomendable que la conversación entre un cliente y el profesional turístico sea una entrevista llena de preguntas y respuestas. De hecho, es el cliente el que suele realizar la mayoría de las preguntas y es tarea del profesional responderlas. No obstante, siempre es beneficioso que el profesional realice una serie de preguntas clave al cliente para poder saber qué tipo de información necesita, para que así las explicaciones del profesional sean más detalladas y personalizadas, y que dicha información le sirva realmente a su interlocutor.

Detenerse antes de hablar:

Es imprescindible pensar antes de hablar. En el lenguaje escrito es más sencillo pero en el lenguaje oral, principalmente en una situación difícil, es habitual decir algo y arrepentirse posteriormente. Por eso es importante guardar la calma, pensar detenidamente en lo que se va a decir, y hablar después.

Profesionalidad:

Es algo totalmente obvio y el punto más importante de todos, puesto que todas las demás actitudes anteriormente explicadas se englobarían dentro de la profesionalidad. Trabajar con profesionalidad es la base de cualquier profesional de cualquier sector. Es necesario mostrar predisposición para ayudar al cliente, ser amable y respetuoso.

Información veraz:

Es importante facilitarle al cliente o usuario información interesante para él, adaptada a sus demandas, capaz de satisfacer sus necesidades. Esta información tendrá que ser veraz y real, y por eso es imprescindible saber utilizar las fuentes adecuadas. Además también es imprescindible que los datos facilitados al usuario no contengan errores y que estén actualizados.

La asertividad:

Ser asertivo es un valor muy importante en cualquier relación interpersonal. Ser asertivo es también una de las claves en la escucha activa. De la misma forma que es necesario escuchar activamente, también es importante transmitir con sinceridad —pero con respeto— los pensamientos y opiniones personales. La asertividad consiste en defender los derechos, opiniones e intereses propios con firmeza pero con respeto, respetando a los demás y respetando asimismo las opiniones de los demás. La asertividad se puede definir como la habilidad que tienen algunas personas de expresar los deseos y opiniones de manera abierta, directa, amable y adecuada, sin atentar contra los demás. Implica también saber pedir, saber negarse, saber negociar y ser flexible, para así dialogar y llegar a acuerdos y entendimientos con las personas del entorno, dejando claras las opiniones propias pero respetando también las de los demás. Asimismo, la asertividad implica aceptar y hacer quejas así como hacer y recibir cumplidos.

La conducta asertiva es la más adecuada, y lo ideal es que todos los humanos utilicemos la asertividad en todas las relaciones interpersonales. En un extremo estaría la actitud pasiva y en el otro la agresiva.

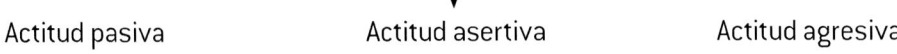

Actitud pasiva   Actitud asertiva   Actitud agresiva

La actitud pasiva se refiere al miedo que tienen algunas personas a decir o pedir lo que quieren, por miedo a sentirse rechazados o a recibir una respuesta negativa. Estas personas suelen tener una actitud sumisa y aceptan todo lo que les piden los demás para así no crear conflictos. Les cuesta decir «no» y aceptan lo que otras personas les piden para no defraudar al resto o por miedo. Vulneran los derechos propios para aceptar los intereses de los demás, con el fin de contentar a los demás, para evitar enfrentamientos. No son capaces de expresar adecuadamente sus sentimientos, pensamientos y opiniones.

En el otro extremo estaría la actitud agresiva. Estas personas son violentas e intentan imponer sus ideas a los demás, en muchas ocasiones utilizando insultos, faltas de respeto y humillaciones. No escuchan a sus interlocutores y no les importan las opiniones del resto de personas, únicamente quieren demostrar a los demás que su criterio es el único válido y el que prevalece. Se defienden las opiniones y derechos propios atropellando los intereses de los demás.

La escucha activa:

Realizar una escucha activa es imprescindible. Es más, todas las escuchas deberían de ser activas. La escucha activa es la clave para comunicarnos con los demás: podría definirse como «escuchar activamente». No es suficiente con oír a la otra persona, hay que escucharla, y hay que hacerlo activamente. Esta escucha activa es algo básico en la comunicación. Si no escuchamos activamente, la comunicación nunca podrá realizarse con éxito.

Saber escuchar es más difícil que saber hablar. Pero la escucha activa es esencial para que pueda existir una comunicación eficaz y de calidad.

La escucha activa es parte de las habilidades sociales, por lo que puede ser adquirida, aprendida y desarrollada con la práctica. Esto es, la escucha activa no es parte de la personalidad: es posible (y necesario) «entrenar» para mejorar en este aspecto.

La escucha activa requiere que el emisor tenga en cuenta las siguientes pautas básicas:

La observación:

Un emisor que no observa al receptor jamás podrá percatarse de si su interlocutor está entendiendo el mensaje recibido.

No interrumpir:

Esta es una mala costumbre que la mayoría de personas pone en práctica de forma inconsciente. En función de cómo se realice la interrupción podría considerarse una falta de respeto, y es una acción que puede desagradar mucho a la otra persona, sintiéndose no escuchada o poco valorada.

Adaptar el mensaje al interlocutor:

Es imprescindible adaptar el mensaje al receptor, en función de su edad, nivel cultural, nacionalidad (puede ser que no comprenda bien el idioma y que sea necesario hablarle más despacio), etc.

No distraerse:

Es importante no distraerse mientras se está entablando una conversación con alguien. Si una de las dos personas se distrae, no existirá *feedback*. Además, la otra persona se dará cuenta y el proceso comunicativo se deterioraría.

No imponer nuestras ideas:

No es ético intentar imponer nuestras ideas a nuestro interlocutor. Es una falta de respeto intentar llevar al otro a «nuestro terreno». Posiblemente no lo consigamos, pero además las consecuencias serían muy negativas: se sentirá rechazado o poco valorado por nosotros, por lo que puede actuar de la misma forma, consiguiendo llegar a un círculo en el que ambas personas están intentando imponer sus ideas al otro.

No es recomendable dar consejos:

Otro fallo que tiene la raza humana es la facilidad que tenemos para dar consejos que no nos han pedido. En ocasiones, cuando una persona está contando una historia a otro individuo, una vivencia o un problema, se tiende —inconscientemente— a darle un consejo. Normalmente, ni siquiera se ha escuchado correctamente a la otra persona y no se le ha dejado terminar su relato, pero el receptor se lanza a darle consejos —convirtiéndose en emisor—. Es posible que algunas personas se tomen ese consejo como algo negativo, puesto que no es agradable escuchar un consejo que no se ha pedido. Puede ser que la otra parte no reciba bien el consejo, ya que no quería escucharlo. Posiblemente, esa persona estaría contando el problema únicamente para desahogarse o como algo anecdótico, pero no esperaba —ni quería— recibir ningún consejo a cambio.

La empatía:

Es importante tener en cuenta la empatía. Para poder comprender lo que dice la otra persona, es imprescindible ponerse en el lugar del otro, intentar entender sus sentimientos, cómo se siente, qué está pensando y por qué actúa de ese modo. Si no intentamos ponernos en el lugar de nuestro interlocutor, no es posible realizar una escucha activa.

Como parte de la atención presencial, es de suma importancia la comunicación no verbal. Algunos autores defienden que la comunicación no verbal corresponde al 90 % de la comunicación, otros optan por cifrarla en un 70 %. Hay distintas versiones, tantas como autores han escrito sobre el tema. Pero todos están de acuerdo en que la comunicación no verbal juega un papel fundamental en una conversación, y siempre el porcentaje es más elevado que el de la comunicación verbal.

Formarían parte de la comunicación no verbal los gestos faciales, la postura corporal, movimientos de cabeza y otras partes del cuerpo como brazos o piernas, la mirada, etc. La comunicación no verbal puede enfatizar o contradecir las palabras: cuando los gestos contradicen lo que se explica con palabras, siempre serán los gestos los que estén diciendo la verdad. Los gestos son sinceros porque son inconscientes, por lo que con palabras es fácil mentir pero los gestos suelen decir la verdad.

La proxémica también es muy relevante en la comunicación interpersonal. Se refiere a las zonas de contacto que tiene un cliente, esto es, al espacio que el informador tendrá que dejar con el visitante. Esta distancia de contacto varía en función de la cultura o costumbres del lugar, y también será diferente en función de la confianza o relación que se tenga con la otra persona.

ATENCIÓN TELEFÓNICA

La atención telefónica también es importante en el contexto empresarial. Aunque el correo electrónico está en auge y ha sustituido en gran medida a las conversaciones telefónicas, estas siguen siendo imprescindibles en una oficina de información turística. Cuando el tema que hay que tratar es más importante o complicado, la calidad de una conversación telefónica no es comparable a la de unos correos electrónicos. No obstante, la comunicación personal sigue siendo la más recomendable debido a la importancia que tiene el contacto visual.

A la hora de atender una llamada telefónica, hay que tener en cuenta algunas pautas o consejos básicos:

- Es importante responder la llamada lo antes posible, como muy tarde antes del tercer tono. Lo contrario puede dar imagen de poca profesionalidad o de que la empresa está cerrada.

- Al descolgar el teléfono, el profesional turístico debe identificar la empresa y presentarse con su nombre, saludando al interlocutor y ofreciéndole su ayuda. Un ejemplo sería el siguiente: «*Oficina de Turismo de Amurrio, buenas tardes, le atiende Aiert, ¿en qué puedo ayudarle?*».

Antes de dejar en espera a un cliente porque el informador está ocupado atendiendo presencialmente a otro usuario, se le preguntará qué es lo que desea. Es posible que quiera algo rápido o que se haya equivocado, o que quiera que se le transfiera la llamada con otra persona. Así, podremos resolver su demanda en el menor tiempo posible, evitando hacerle esperar de forma innecesaria.

Si al preguntar qué es lo que desea vemos que es una llamada que llevará tiempo atender y en ese momento estamos ocupados con otro cliente de forma presencial, se le explicará la situación a la persona que está al otro lado del teléfono, aclarándole los motivos y se le preguntará si prefiere que se le llame en unos minutos o si prefiere mantenerse a la espera. Si prefiere que se le llame, se le pedirá un teléfono de contacto y el nombre. En cuanto el informador esté libre, se llamará al cliente sin más demora. Nunca se le puede decir a un cliente que llame más tarde, no se le podrá pedir al cliente que sea él el que llame una segunda vez —ya ha llamado una primera vez—: siempre nos ofreceremos a ser nosotros los que realicemos la llamada. A excepción de que el cliente nos diga que no podrá responder el teléfono y que prefiere llamar él en otro momento, en ese caso no insistiremos y quedaremos a la espera de que llame nuevamente.

- Es importante que el volumen de voz sea el adecuado. El auricular del teléfono no podrá estar ni muy cerca ni muy lejos, porque el sonido podría perder calidad.

- También es importante cuidar el tono y el ritmo de la voz, así como la pronunciación. Se utilizará voz clara.

- Hay que realizar un uso correcto de la lengua, sin utilizar vulgarismos ni tecnicismos.

- Al terminar de atender la llamada, se agradecerá al cliente el interés mostrado y el tiempo dedicado. Se le preguntará si desea algo más o si necesita realizar cualquier otra consulta. En caso negativo, nunca colgaremos nosotros y nos mantendremos a la espera hasta que el cliente cuelgue, por si en el último momento decide preguntar algo más.

ATENCIÓN ELECTRÓNICA

En la comunicación escrita es muy importante que el mensaje esté bien redactado, utilizando un lenguaje adecuado y adaptado al contexto y a la situación. Es importante que el texto no contenga errores ni fallos gramaticales, ortográficos, de puntuación o tipográficos. El texto tendrá que ser claro y conciso, y es imprescindible que esté bien estructurado.

Aunque la comunicación escrita actualmente sea casi sinónimo de comunicación electrónica —por ejemplo el *e-mail* o el chat—, todavía es habitual encontrar distintos soportes escritos como cartas o circulares.

En la actualidad está muy en auge el término *netiquette* para referirse al conjunto de normas, pautas o reglas que rigen el comportamiento correcto que todos los internautas deberían de utilizar para comunicarse por internet. Se trata de respetar unas pautas de cortesía y conducta apropiadas a la hora de enviar correos electrónicos:

- Escribir todo el texto en mayúscula está considerado como sinónimo de estar gritando. Para enfatizar una frase o palabra es preferible utilizar la negrilla o el subrayado. En caso de que se prefiera utilizar la mayúscula para destacar una palabra, se hará únicamente sobre esa palabra, no sobre todo el texto.

- Es recomendable responder los correos electrónicos rápidamente. En el mundo empresarial y en las empresas turísticas cada organización suele tener establecida una política interna propia, que normalmente suele ser la de garantizar una respuesta en un tiempo máximo de 24 horas o 48 horas en algunos casos.

- Es imprescindible no dejar el «asunto» del *e-mail* vacío. Es necesario escribir en el asunto el motivo del *e-mail,* a modo de resumen de lo que incluye su contenido. Así, si el destinatario tiene varios *e-mails* pendientes de leer, podrá saber en un vistazo rápido cuáles son más urgentes y cuáles debería atender primero. Algunos ejemplos de asunto serían los siguientes: «Confirmación de la reunión del día 14-10-2017», «Petición de información del museo», «Cancelación de la reserva de hoy», «Consulta de disponibilidad y precios – puente de octubre». De esta forma, el destinatario sabrá cuál es el contenido del mensaje y conocerá su importancia o urgencia antes de abrirlo, por lo que podrá planificarse y decidir el orden en el que irá leyendo y respondiendo los correos, estableciendo su prioridad, lo que le ayudará a organizar mejor su trabajo.

- Las opciones de copia oculta («CCO»), «Para» y «CC» se deberán utilizar correctamente y cuando la situación lo requiera. En el campo «Para» se pondrá al receptor del mensaje: este será el destinatario principal y deberá responder o realizar algo con respecto al correo que ha recibido. En el campo CC se incluye a las personas que necesitan estar informadas al respecto, pero ellas no tienen que realizar ninguna acción de manera directa referente al mensaje, puesto que recibirán únicamente el *e-mail* a modo informativo. El campo CCO es la copia oculta: de esta forma se evita que las personas que reciben el correo electrónico puedan ver las direcciones de los demás, nadie sabrá quién o cuántas personas han recibido dicho *e-mail*. Es muy útil para realizar *mailings* o para enviar información a varios destinatarios al mismo tiempo. Además de evitar virus y *spam,* en la actualidad realizar el envío de *e-mails* de esta manera es obligatorio por la Ley Orgánica de Protección de Datos.

- Al finalizar el *e-mail,* se firmará con el nombre y apellido. Debajo del mismo, se indicará el cargo que ocupa en la empresa. Además, será recomendable que aparezcan también los datos de contacto: teléfono, web, dirección y localidad, redes sociales, etc.

- Será igualmente de suma importancia ser corteses y educados a la hora de escribir. No por tratarse de un correo electrónico se va a omitir el saludo. Tampoco se va a utilizar un lenguaje más cercano o amistoso del que se utilizaría en una carta o documento manuscrito. Por ello, se cuidará el formato del *e-mail,* que tendrá que estar escrito con un lenguaje formal, cortés, amable y educado.

- Tratar de "usted" será igualmente importante, como si se tratara de una atención presencial.

- El uso de emoticonos o utilizar dobles o triples exclamaciones (!!!) está totalmente prohibido. Además, el color y tipo de letra tendrán que ser discretos: solo se podrán utilizar el negro y un azul oscuro o similar. El uso de las negritas y otro tipo de adornos se hará únicamente cuando sea totalmente necesario, no en la totalidad del texto.

- El lenguaje utilizado será el adecuado, sin errores o faltas ortográficas, gramaticales o de puntuación. Es necesario repasarlo antes de enviarlo, para asegurarse de que está escrito con claridad y corrección, utilizando un estilo adecuado en la redacción.

- Aunque el *e-mail* sea breve, se deberá de redactar por párrafos, para que el mensaje quede mejor estructurado. De esta forma, evitaremos cansar al destinatario y que se le mezclen las letras.

2.4.2. Puntos de autoinformación en el centro

Algunas oficinas de información han optado por instalar un punto de autoinformación. Se trata de terminales informáticos a los que el turista tiene acceso gratuito. En algunos casos se ubican fuera de las oficinas y en otros casos en el interior de las mismas. El objetivo es minimizar las esperas y que el turista pueda buscar información las 24 horas del día, en los casos en los que el dispositivo se ubique en la parte externa de la oficina.

En el Aeropuerto de Bilbao se inauguró a finales del año 2011 la primera oficina de turismo tecnológica del Estado. Es de forma circular, totalmente interactiva y sus elementos principales son la luz y el color, dándole aspecto de faro. Tiene siete pantallas que proyectan imágenes en alta definición. Distintos personajes —a escala real— dan la bienvenida al turista, cada una en un idioma distinto: hablan mirando al espectador y le hablan en euskera, castellano, francés, inglés, alemán y lenguaje de signos. Además, cuenta con dos pantallas que ofrecen información turística de Euskadi las 24 horas del día.

Por otra parte, en el municipio de Portugalete (Bizkaia) se inauguró el denominado tótem tecnológico de información turística en el año 2012. Siendo el primer punto tecnológico de información turística ubicado en una localidad vasca seguía la línea que ya había marcado la oficina de turismo tecnológica del Aeropuerto de Bilbao. A través de este terminal informático es posible localizar información turística de Euskadi como destino y marca. El tótem dispone de dos pantallas: una de ellas, táctil, está configurada en cinco idiomas y permite navegar por las webs turísticas de Euskadi; la otra es más grande y proyecta imágenes de los paisajes de los distintos rincones de la geografía vasca. Las imágenes se centran en los productos prioritarios del plan de marketing del Gobierno Vasco: turismo rural, *City Breaks,* gastronomía y vinos, turismo de naturaleza y aventura, turismo de congresos y reuniones, entre otros.

En cuanto a las ventajas que estas iniciativas tienen para el turista se encuentran las siguientes:

- Posibilidad de obtener información multilingüe en idiomas que generalmente no hablan todos los informadores turísticos.

- La información está accesible las 24 horas del día.

- Se puede localizar información de cualquier punto de Euskadi, por lo que hay más variedad de información que en cualquier oficina de turismo.

- La información es más visual, por lo que se hace más atractiva. Los jóvenes valoran más las nuevas tecnologías y posiblemente esta oficina obtenga visitas de usuarios que, de no ser por la innovación de la oficina, pasarían de largo y no entrarían.

- También se ofrece la posibilidad de descargar la información al teléfono móvil.

- La comodidad y la rapidez a la hora de localizar la información. Además, en las horas punta en las que se concentra un número mayor de usuarios, se pueden beneficiar de un ahorro de tiempo, minimizando las colas y las esperas, puesto que las pantallas pueden ir atendiendo a los clientes que tengan demandas sencillas y rápidas.

- Además, los turistas se llevan una buena impresión del destino, relacionándolo con la tecnología, el modernismo o el diseño.

- También para los informadores turísticos las pantallas son una herramienta de apoyo en su trabajo diario, puesto que pueden explicar a los usuarios la información en las pantallas, haciendo la explicación más didáctica e interactiva.

En cuanto a las desventajas, se podrían citar las siguientes:

- Ausencia de información en papel. No obstante, siempre está la opción —en caso de que la oficina estuviera abierta— de entrar a solicitar documentación física.

- La frialdad de la pantalla hace que se eche en falta la cordialidad del trato humano. Los informadores turísticos ofrecen un trato más personalizado e individualizado, pudiendo atender las solicitudes de los usuarios con una calidad mucho mayor. Por lo tanto, únicamente los informadores pueden dar respuesta a las dudas y cuestiones de forma concreta y personal.

- Podría ser habitual que los ordenadores sufran averías y que tengan que estar fuera de servicio durante días u horas.

Además, para el sector turístico y los profesionales de este, estos dispositivos tienen una serie de desventajas o problemáticas:

- Elimina puestos de trabajo. Al disponer de estas pantallas que realizan un trabajo similar al que hacen los informadores, en ocasiones puede prescindirse de personal.

- También imposibilita realizar el registro de los visitantes y/o cumplimentación de las encuestas de satisfacción.

En algunos hoteles se ha instalado un punto de información similar a los anteriormente explicados. Suele estar situado en el *lobby* del hotel, junto a la recepción. Estos dispositivos ofrecen la posibilidad de realizar varias gestiones como localizar información turística de la ciudad, reservar visitas guiadas o comprar entradas a museos. Concretamente, en el Hotel Jardines de Uleta Suites, ubicado en la ciudad de Vitoria-Gasteiz, se ha instalado un tótem que realiza las siguientes funciones:

- Se puede consultar información útil del hotel a tiempo real: eventos, horarios de servicios y restauración, agenda, avisos, etc.

- También se puede consultar información relacionada con el restaurante (menú, horarios, etc.), el plano de las instalaciones, información sobre la conexión wifi, etc.

- Se puede localizar la ruta a seguir desde el hotel hasta cualquier punto de la ciudad.

- Ofrece la posibilidad de que los clientes del hotel puedan realizar encuestas de satisfacción, con el fin de que la dirección del hotel conozca si los servicios ofrecidos a sus clientes pueden ser mejorables.

- El cliente puede consultar información meteorológica de la ciudad, transportes y vuelos —horarios y disponibilidad— en tiempo real, información de los comercios de la ciudad, etc.

En la imagen se puede ver el dispositivo que el Hotel Jardines de Uleta Suites (Vitoria-Gasteiz) tiene junto al mostrador de recepción.

- También se puede obtener información turística: recursos turísticos, puntos de interés turístico, monumentos, recomendaciones y planes para realizar en el entorno, información sobre las costumbres y tradiciones de la zona, gastronomía, fiestas, etc.

- Se puede localizar información de otros hoteles que la cadena tenga en ciudades de España y el extranjero.

- Por último, también se utiliza a modo de fotomatón. Es posible realizar de forma gratuita postales de recuerdo.

Además de los hoteles y empresas privadas, algunos organismos públicos también han integrado un tótem similar. Es el caso de la Casa de Cultura de la localidad navarra de Sangüesa/Zangotza. Ubicada en el Palacio de Vallesantoro, este centro cultural pone a disposición de vecinos y visitantes un punto de autoinformación. Este dispositivo ofrece una serie de servicios que se enumeran a continuación:

- Aporta información sobre los Monumentos del Prepirineo navarro. También permite realizar una visita guiada virtual por cada uno de ellos.

- Ofrece un índice de localidades en el que se puede seleccionar cualquiera de ellas. A través de distintos iconos, es posible ampliar la información histórica, geográfica, textos descriptivos, fotografías aéreas, etc., de cada uno de estos municipios. También es posible realizar un recorrido virtual por el exterior y el interior de diversos monumentos de cada una de estas poblaciones. Otro de estos iconos muestra las fases constructivas del monumento seleccionado, y se puede consultar una ficha didáctica que explica de forma sencilla —más dirigido o enfocado a los niños— la construcción e historia del edificio.

- En concreto, sobre el municipio de Sangüesa/Zangotza se ofrecen imágenes en 3D de varios de sus monumentos, destacando la iglesia gótica de San Salvador, que está catalogada como Bien de Interés Cultural (BIC). Este caso es muy interesante porque, a día de hoy, y desde el año 2001, no es posible accede a su interior debido a las obras de restauración que se están llevando a cabo. Las imágenes de este tótem son de gran valor para el visitante porque es la única forma que tiene de poder conocer las pinturas murales del interior de este templo, que datan del siglo XIII.

Punto de autoinformación de la Casa de Cultura de Sangüesa/Zangotza (Navarra).

2.4.3. Páginas web (estáticas, webs 2.0, webs 3.0...)

El término denominado «Web 2.0», que tan de moda está actualmente, se refiere a los sitios web que permiten que el usuario comparta la información. Estas webs, que también se llaman «webs dinámicas», están centradas en el usuario, fomentando la colaboración e interactuación entre distintos usuarios. También los «consumidores» dejan de ser meros «telespectadores» y se convierten en creadores de contenido de la comunidad virtual.

Algunos ejemplos son los blogs, las *wikis,* las webs que ofrecen la posibilidad de insertar fotos y vídeos, redes sociales, etc.

Así, las páginas web pasan de ser estáticas a ser dinámicas, implicando así al usuario en una tarea totalmente activa y participativa, donde él es el protagonista. También permiten realizar trabajos conjuntos y colaborativos, por lo que están muy indicadas para la realización de proyectos en común en empresas de distintos sectores o para trabajos grupales que los estudiantes realizan en el aula. Permiten chatear, compartir documentos, participar en foros, etc.

Antes de la llegada de la Web 2.0 en el año 2003 existían las webs estáticas —denominadas «Web 1.0»—, en las que los usuarios eran sujetos pasivos. Podían leer —esto es, recibir— información pero no podían facilitar datos ni podían colaborar a enriquecer el contenido de la red. Además, los contenidos rara vez eran actualizados con la frecuencia recomendada y no había movimiento ni interactividad. En la actualidad cualquier usuario puede informarse, a la vez que informa a los demás comunicando sus ideas y generando contenido y conocimientos.

Las webs dinámicas o 2.0 ofrecen un gran número de posibilidades a la hora de diseñarlas puesto que se pueden añadir contenidos en distintos formatos. Facilitan la posibilidad de tener la información actualizada y/o de renovar la imagen de la web. También pueden darle un dinamismo mayor al sitio web, reduciendo asimismo los costes de mantenimiento. Es posible que el usuario participe en foros o encuestas, que realice reservas y compras de productos o servicios, que acceda directamente al servicio de atención al cliente de la empresa, y un largo etcétera.

En la actualidad, el avance de la tecnología está dando paso a una nueva forma de usar el Internet: la Web 3.0. Está nueva versión de internet, que está relacionada con la inteligencia artificial, se encuentra ligada con el concepto de 'Web Semántica': busca introducir una serie de lenguajes y procedimientos que puedan interpretar ciertas características del usuario con el objetivo de ofrecer una interfaz más personalizada.

Con esta nueva versión, el usuario puede realizar búsquedas inteligentes, ya que se le ofrecen opciones en función de las características de cada individuo, a través de plataformas personalizadas. Las redes sociales se vuelven más sofisticadas: hay más variedad, calidad y aumentan las formas de conectarse a estas redes. Cada vez es más fácil conectarse a través de diversos dispositivos (relojes, móviles, etc.) y con una velocidad mayor. El contenido es libre y cada vez hay más espacios tridimensionales. Además, los usuarios pueden acceder a información a través de su localización geográfica. También es importante la posibilidad de almacenar datos en la nube.

Aunque hay varias clasificaciones para ordenar las tipologías de páginas webs, se hará una clasificación desde el punto de vista de las funciones que realizan.

- **Páginas webs orientadas al servicio**

  El objetivo de esta web es facilitar información sobre los servicios o productos que ofrece la empresa. Estas webs no ofrecen la posibilidad de comprar los productos a través de la web, tienen como fin únicamente el de informar a sus visitantes. El objetivo principal es crear en el usuario una necesidad de compra, para que posteriormente adquiera el producto fuera de la red.

- **Páginas webs transaccionales. *E-commerce***

  En estas webs las empresas muestran sus productos como si fuera un escaparate, y el objetivo es que el cliente compre el producto a través de la red, *on-line*. En la actualidad existen infinidad de webs que permiten estas opciones, puesto que muchísimas empresas que hasta hace pocos años han trabajado únicamente *off-line* han pasado a vender sus productos también *on-line.*

- **Páginas webs para la construcción o afianzamiento de una marca**

  Tienen como objetivo afianzar la imagen de la marca, darse a conocer y crear un prestigio en la mente de los consumidores. Los productos no pueden ser comprados en línea, pero en ocasiones se realiza *on-line* una exposición de algunos productos para que el usuario los conozca. Este tipo de webs son habituales en marcas de consumo masivo y precios bajos, ya que en estos casos no es útil ni viable vender *on-line,* pero sí que es necesario estar presente en la red a través de una web que presente la empresa y sus productos, para así conseguir fidelizar a sus clientes y generar necesidades de compra. Algunos ejemplos pueden ser productos como bebidas y alimentos, productos de higiene, supermercados, etc. Cacaolat o Primark serían ejemplos de este tipo de webs.

- **Páginas webs de contenido**

  Estas páginas web facilitan información a sus usuarios de distintas webs. Son bases de datos que alojan webs y facilitan los enlaces directos a los sitios. Pueden ser buscadores, webs que albergan distintas noticias, comparadores de precios o similares. Generalmente estas webs reciben ingresos y financiación gracias a la publicidad, ya sea de las webs que alojan o de otras.

- **Redes sociales, comunidades y foros**

  El objetivo principal de estas webs es fomentar el intercambio de información y la interacción de sus usuarios. Las redes sociales más utilizadas son

Facebook e Instagram, pero existen otras muchas webs de foros, comunidades y redes sociales que también tienen como fin conseguir la comunicación entre los usuarios y lograr, un intercambio de contenido (que puede ser información, imágenes, vídeos, etc.).

A veces estas comunidades forman parte de una empresa y su objetivo es que los clientes que han adquirido algún producto de la marca comenten sus opiniones al respecto. Un ejemplo puede ser el de la web de Decathlon, que ofrece un apartado en el que los clientes que han adquirido un producto pueden explicar su satisfacción con el mismo. Así, otros clientes potenciales que estén valorando comprar ese producto leerían los comentarios para tomar una decisión de compra.

2.4.4. Ediciones turísticas

Como ya se ha comentado en apartados anteriores, existen infinidad de ediciones turísticas de distintos tamaños y formatos, para así satisfacer las necesidades de todos los clientes. En algunos casos son ediciones breves que ofrecen información básica sobre una empresa o destino turístico. Un ejemplo sería el tríptico o folleto de un museo u hotel, que ha sido editado por la propia empresa o museo para informar de los productos y servicios que ofrecen a los clientes.

Otro ejemplo sería un catálogo que explica los recursos turísticos de un determinado destino, un mapa de una provincia o un plano de una ciudad. Esta documentación la editan las administraciones turísticas, que tienen como objetivo promocionar los productos turísticos de su área de actuación.

En otras ocasiones son ediciones más extensas, con un contenido más detallado. Es el caso de las guías turísticas, que tienen como objetivo analizar un destino turístico en su totalidad, de forma exhaustiva. En este caso, las guías las publican las distintas editoriales, que tienen como mero objetivo lograr vender el mayor número posible de ejemplares, para obtener unos beneficios económicos.

También hay libros que han editado distintas editoriales que, aunque no están relacionados con un destino turístico en particular, ofrecen a sus lectores información relativa a recursos turísticos o aspectos relacionados con el turismo en ese destino. Existen muchísimos ejemplos: un libro que explique los castillos medievales que existen (o existieron) en España, un libro que analice las materias primas y elaboraciones gastronómicas de Teruel, un libro que detalle la historia de los balnearios que han existido en la provincia de Cuenca, un libro que narre las rutas de senderismo que se pueden realizar en la provincia de Soria, y un largo etcétera.

A continuación, se podrán ver las portadas de algunos de estos libros.

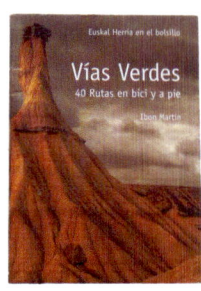

En esta imagen se pueden ver tres libros o guías sobre vías verdes de distintos destinos turísticos.

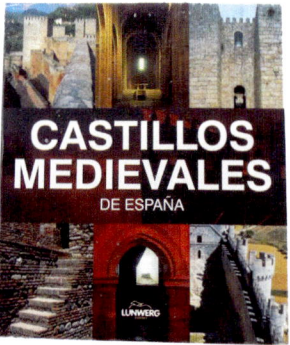
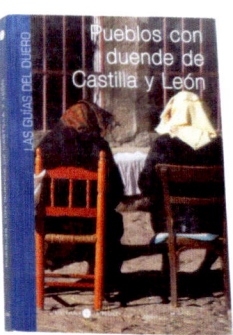

Guía de las «Danzas y bailes de Navarra», libro con información de los «Castillos Medievales de España» y ejemplar denominado «Pueblos con duende de Castilla y León».

2.4.5. Otras posibilidades ofrecidas por las tecnologías de la información

Existen multitud de posibilidades que las tecnologías de la información ofrecen a las oficinas de información turística para que desarrollen sus actividades:

- Posibilidad de tener presencia y darse a conocer a través de las redes sociales: Facebook, Twitter, Instagram, TripAdvisor, etc.

- Facilidad a la hora de que los clientes contacten con la oficina de turismo: *e-mail,* chat, redes sociales, etc. Esto implica también rapidez en la respuesta e inmediatez a la hora de ofrecer información o realizar *mailings.* Asimismo, es más fácil, rápido y cómodo realizar reservas de visitas guiadas, ofreciendo un servicio más profesional y competente.

- Mejora e innovación en la calidad de la información facilitada. Además de ofrecer la opción de descargar folletos, mapas, guías y otro tipo de material turístico directamente al ordenador en formato electrónico, también es posible visualizar imágenes y vídeos en alta resolución. Así, se crean conexiones emocionales entre el destino y el cliente potencial, logrando crear una necesidad de compra en el individuo.

Además, cada vez es más habitual que las webs de las administraciones turísticas ofrezcan la posibilidad de realizar descargas para navegadores GPS: por ejemplo, con la localización de un museo o recurso turístico, el recorrido que hay que seguir en el interior de un museo con la audioguía, o la ruta que hay que seguir para realizar un itinerario de montaña en BTT.

- Es posible utilizar audioguías en las visitas guiadas, así como traductores simultáneos.

- Acceso rápido e instantáneo por parte del informador turístico a cualquier tipo de información en la red, webs de otras administraciones turísticas, etc., tanto para resolver las dudas y solicitudes de los usuarios de la oficina como para localizar información de interés general.

Los usuarios de la oficina de turismo también podrán valerse de las nuevas tecnologías y utilizar los ordenadores, o puntos de autoinformación, que algunas oficinas de información turística tienen a disposición de los visitantes.

- Los clientes potenciales podrían también hacer uso de otras herramientas más interactivas como el *videomapping* o la geolocalización.

- Se han simplificado los procedimientos de algunas de las funciones que se realizan en las oficinas de turismo. Por ejemplo, a la hora de gestionar las encuestas de satisfacción y generar los resultados e informes de las mismas. No solo se utilizan programas informáticos para sacar conclusiones y datos finales, también algunas oficinas de información turística ponen a disposición de los usuarios una *tablet* para que realicen la encuesta directamente *on-line,* dejando a un lado el clásico formulario que había que rellenar a mano. Otra utilidad es la de realizar el registro y estadísticas de los visitantes que se realiza con el fin de determinar el perfil del usuario de la oficina de turismo: en este caso también se utilizan sistemas informáticos que permiten introducir los datos en el sistema para obtener directamente las estadísticas finales.

- Mayores oportunidades a la hora de que los informadores turísticos puedan formarse con cursos de formación, posgrados, másters, etc., que realizan *on-line.* Además, podrán estudiar idiomas a través de la red, compaginando los estudios y la actividad profesional.

- Cada vez es más frecuente que los recursos turísticos ofrezcan visitas virtuales para que los interesados puedan conocer el monumento desde su ordenador. En la actualidad hay infinidad de lugares que han optado por poner este servicio a disposición de cualquiera que quiera disfrutar del rico patrimonio que atesoran distintos puntos de la península. Un ejemplo sería el de la Ciudadela de Jaca, cuya visita virtual puede realizarse cómodamente a través del siguiente enlace: http://www.ciudadeladejaca.es

La web del Ayuntamiento de Huesca que ofrece información turística sobre la ciudad (http://www.huescaturismo.com/es/visitas-virtuales/) también permite realizar visitas virtuales a distintos recursos turísticos de la ciudad. Un ejemplo de ello es la visita virtual que se puede realizar a la Catedral de Santa María:

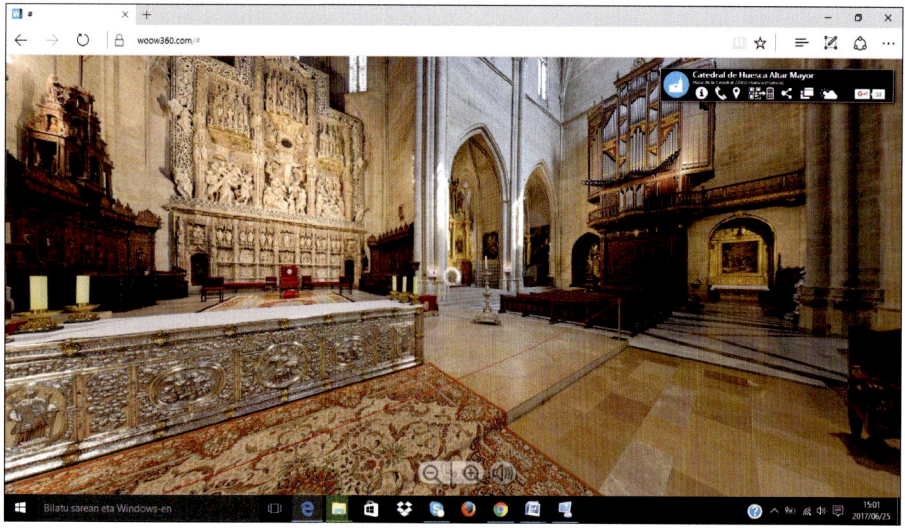

2.5. Adaptación de la información en función de tipos de grupos o turistas destinatarios

Turismo de calidad es sinónimo de «turismo para todos». Para satisfacer las expectativas de los turistas será necesario conocer cuáles son sus necesidades. Un porcentaje importante de la población tiene necesidades especiales y en muchos ámbitos de la vida estas personas sufren desigualdades.

El turismo y el ocio se han convertido en una necesidad casi vital para la mayoría de personas. Pero en la práctica, hay un porcentaje elevado de individuos que no pueden disfrutar de su tiempo libre como lo hace el resto. Tienen dificultades para acceder a algunas infraestructuras y servicios de la oferta turística como hoteles, museos, recursos turísticos, etc. De ahí nace el concepto de «turismo accesible» que tiene como finalidad garantizar que todas las personas puedan acceder a cualquier servicio turístico en igualdad de condiciones, sin importar las necesidades, habilidades o capacidades de cada una de ellas. De esta forma, se conseguirá un producto turístico no discriminatorio, garantizando la igualdad de condiciones a todos los ciudadanos. El objetivo final será conseguir una oferta turística accesible, diseñando productos, servicios y entornos que puedan ser utilizados por el mayor número posible de personas.

Aunque casi siempre se tienda a pensar que un cliente con una necesidad especial es una persona con discapacidad, hablar de clientes con necesidades especiales es un concepto mucho más amplio. En el sector turístico, un cliente con una necesidad especial puede ser una familia numerosa que viaja con varios niños o con un bebé, con un anciano, con una persona con una pierna escayolada… También las personas que viajan en grupo tienen necesidades especiales, las que tienen otras culturas o religiones, así como las que tienen alergias o necesidades alimentarias específicas. Además, cualquiera de nosotros puede ser en algún momento de su vida alguien con una «necesidad especial» transitoria: embarazadas, personas con lesiones físicas temporales, etc.

Otro aspecto de la necesidad de adaptar la información a los distintos tipos de turistas y clientes es el de clasificar los recursos y la información turística de las oficinas de turismo por temáticas. Por ejemplo, una forma de archivar la información turística sería por productos turísticos: turismo de naturaleza, turismo de sol y playa, turismo cultural… De esta forma, cuando un usuario de la oficina de turismo demande información sobre un producto concreto, será más fácil tenerla localizada.

2.5.1. Traducción de la información turística a diferentes idiomas

En apartados anteriores se ha hablado de la importancia de que las oficinas de turismo realicen estadísticas de sus visitantes. En algunas ocasiones estas estadísticas se realizan a nivel interno de la oficina, en el ámbito municipal. En otras ocasiones se trata de iniciativas impuestas por la administración turística de la comunidad, como el caso de Euskadi. Como ya se ha explicado en otros apartados, las oficinas de turismo adheridas a la red ITOURBASK tienen obligación de registrar todas las consultas presenciales (las que se realizan en la oficina de información turística) y no presenciales (las que llegan por teléfono y por *e-mail*) para posteriormente introducirlas en la web. Después, se realizan estadísticas que permiten conocer el perfil de turista que hay en Euskadi a nivel general y también el perfil del turista de cada uno de los municipios, comarcas y provincias.

Todo ello tiene un objetivo claro: conocer el perfil del cliente ayuda a tomar decisiones posteriores y a realizar campañas de marketing en algunos nichos de mercado concretos. Se puede tomar el ejemplo de Galicia. La página web oficial de turismo que gestiona la Xunta de Galicia está traducida a varios idiomas, entre ellos el portugués. Seguramente sea la única comunidad española que tiene su web traducida a este idioma. Pero, en el caso de Galicia, la decisión está totalmente justificada, puesto que, debido a la cercanía que tienen con el país luso, el número de turistas portugueses que reciben es mayor del que reciben otras comunidades. Por eso, si las estadísticas de una comunidad/municipio dejan en evidencia que hay una nacionalidad que visita frecuentemente ese destino turístico, se hace imprescindible adaptar la información turística al idioma de estos clientes. Por tanto, además de traducir la web, también serán necesarias otras iniciativas: diseñar folletos y material turístico escrito en el idioma, realizar campañas de marketing enfocadas a este segmento, etc.

En la actualidad es recomendable que todas las webs turísticas estén traducidas, como mínimo, al inglés. Además de eso, en función del perfil del visitante que tenga cada destino turístico será necesario traducirlo a otros idiomas. Por ejemplo, los destinos ubicados en el norte de la península tienen un porcentaje mayor de clientes franceses, debido a la cercanía con el país galo. Igualmente, los turistas franceses suelen agradecer enormemente que se les hable y reciba en su idioma, por lo que suele ser necesario tener información turística (folletos y mapas) en lengua francesa y personal francoparlante. De ahí que, las páginas web de turismo de comunidades como Euskadi, Navarra o Cataluña están traducidas al francés, además de a otros muchos idiomas.

No obstante, en otros destinos del Mediterráneo (Comunidad Valenciana, Andalucía, etc.) son los alemanes y holandeses los que predominan, por lo que en estos casos no sería tan interesante traducir la información al francés pero sí al alemán y al holandés.

En ciudades grandes como Madrid y Barcelona, que han vivido en muy poco tiempo un importantísimo auge del turismo asiático y ruso, sería importante valorar la opción de ofrecer información en idiomas como el chino, el japonés o el ruso. En la actualidad, la página web oficial de turismo de la Comunidad de Madrid únicamente está traducida al inglés, por lo que debería de mejorarse y ampliar el número de idiomas disponibles. En cuanto a la página web turística oficial del Ayuntamiento de Madrid, está traducida a muchísimas lenguas, entre ellas el japonés, el chino y el ruso.

La web de la Comunidad de Madrid pone a disposición de los interesados un apartado denominado «Formación de los comerciantes para la atención al turista chino». Esta iniciativa tiene como objetivo prioritario «preparar al comerciante y empresario madrileño para atender de forma óptima al turista y potencial cliente chino que visite nuestros establecimientos comerciales», como indican en su página web. Además de un vídeo formativo que puede verse en la web, se pueden descargar —todo ello de forma gratuita— fichas informativas con información y traducción de los colores, los materiales, las tallas, etc. El objetivo es poder atender al cliente en su lengua y ofrecerle un trato más personalizado. También se pueden conseguir quince rótulos en chino mandarín, para los comerciantes que deseen rotular la tienda en esta lengua y exhibir dichos carteles en su establecimiento. Finalmente, es posible informarse sobre otros aspectos relacionados con la cultura china, las costumbres, el *Tax Free,* las formas de pago más frecuentes entre los turistas de esta nacionalidad, etc.

Un caso peculiar es el de Castilla-La Mancha, del que ya se ha hablado en apartados anteriores. En el siguiente enlace:

http://www.turismocastillalamancha.es/folletos-digitales/libros-provinciales/

se pueden descargar distintos folletos con información turística de cada una de las provincias que componen la comunidad. Lo curioso del caso es que los folletos que facilitan información de las provincias de Cuenca y Toledo están disponibles en seis idiomas (castellano, inglés, alemán, francés, japonés y ruso) pero los de las provincias de Albacete, Ciudad Real y Guadalajara están únicamente utilizables en castellano, inglés y ruso. Este es un claro ejemplo de que las administraciones turísticas de Castilla-La Mancha han decidido apostar por atraer estos nuevos nichos de mercado como son los turistas rusos y asiáticos.

Otro caso curioso es el de los folletos que se encuentran en el Castillo de Javier, provincia de Navarra. Construido en el siglo x, actualmente es un recurso turístico de gran importancia en la zona, tanto por la belleza de su arquitectura como por la historia que encierran sus muros, como por el paraje de extraordinaria belleza en el que se ubica. Siendo la casa natal de San Francisco Javier, hoy día se pueden visitar varias de las estancias, en las que se han habilitado distintas exposiciones que explican la vida del santo. Entre otras cosas, el visitante puede aprender que San Francisco Javier partió hacia Japón en el año 1549 con el objetivo de evangelizar a las comunidades que allí habitaban. Permaneció allí más de dos años, tiempo que le bastó para fundar una colectividad cristiana. Todavía en la actualidad, en el país nipón se le recuerda con un gran cariño a este personaje. Muestra de ello es el elevado porcentaje de visitantes japoneses que recibe este castillo situado en el corazón de lo que fue el Reino de Navarra. Por lo tanto, debido a que estos visitantes demandaban folletos e información en su lengua materna, se crearon unos folletos que tienen como objetivo informar a los turistas japoneses de los principales datos relacionados con el castillo y su morador más famoso. También hay audioguías en el idioma nipón, además del castellano, euskera, inglés y francés.

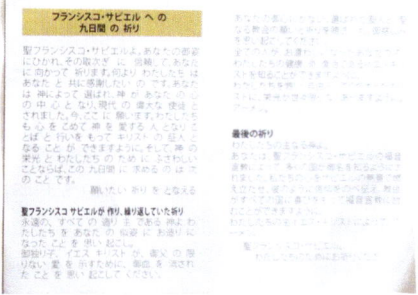

Folleto en lengua japonesa que resume los datos más característicos del Castillo de Javier y del santo.

Otra opción es traducir la información en función de los productos turísticos que más consuma cada nacionalidad. Por ejemplo, si en Euskadi los clientes franceses optan por disfrutar de la naturaleza y la gastronomía pero dejan de lado otros productos como el turismo urbano y el turismo cultural —por ejemplo—, sería posible valorar la opción de traducir al francés los folletos y la información relacionada únicamente con el turismo de naturaleza y el gastronómico. Si por el contrario en la Comunidad Valenciana los turistas rusos optan por un turismo cultural y de compras, pero no tanto por el de sol y playa, habría que decidir qué folletos e información se traduce al ruso.

Además, las comunidades en las que coexisten varias lenguas oficiales deberán tener la información turística en todas las lenguas oficiales de la comunidad.

Por otra parte, ahora es más fácil y habitual —debido al auge de las nuevas tecnologías— ofrecer información turística cada vez en más idiomas. Hasta hace unos años, si un cliente extranjero —por ejemplo, un turista francés— quería visitar un museo, lo máximo que se le podría ofrecer en su idioma sería la bienvenida por parte del personal del museo —en algunos casos— y algún folleto con el resumen de la información relacionada con el museo, puesto que no todos los museos realizan visitas guiadas en lengua francesa, y estas visitas únicamente suelen realizarse para grupos que así lo solicitan. Por ejemplo, en el caso del Museo Guggenheim de Bilbao, las visitas guiadas en francés se hacen únicamente para grupos que así lo demanden, previa reserva y con el correspondiente pago del coste del guía, que en este caso son 95 € + el coste de las entradas al museo para las visitas de 60 minutos de duración y de 250 € + el coste de las entradas al museo para las visitas de 120 minutos. Los visitantes individuales no tienen opción de realizar una visita guiada en su lengua, a no ser que paguen el precio correspondiente de la visita grupal. De ahí que, en la actualidad y gracias a las nuevas tecnologías, los visitantes individuales tienen la opción de visitar el museo con una audioguía en lengua francesa que les permite realizar un mayor aprovechamiento de la experiencia. Otro ejemplo claro sería el de la Oficinas de Turismo Tecnológica ubicada en el aeropuerto de Loiu, en Bilbao, de la que ya se ha hablado en otro apartado. Si un informador turístico suele tener la capacidad de hablar como máximo 4-5 idiomas, a través de estas herramientas se consigue llegar a más turistas y de nacionalidades más diversas.

Cuando hablamos de la *adaptación* de las empresas turísticas no hay que pensar únicamente en la eliminación de barreras arquitectónicas para posibilitar el acceso y el disfrute de todas las personas sea cual sea su discapacidad, sino que la palabra *adaptación* engloba un concepto mucho más amplio. En este caso hemos visto un ejemplo concreto de adaptación de la información a otros idiomas.

A continuación, se expone como ejemplo la página web oficial de turismo de las Islas Canarias. Ha sido traducida a distintos idiomas, debido a las numerosas procedencias de los millones de turistas que reciben estas islas cada año.

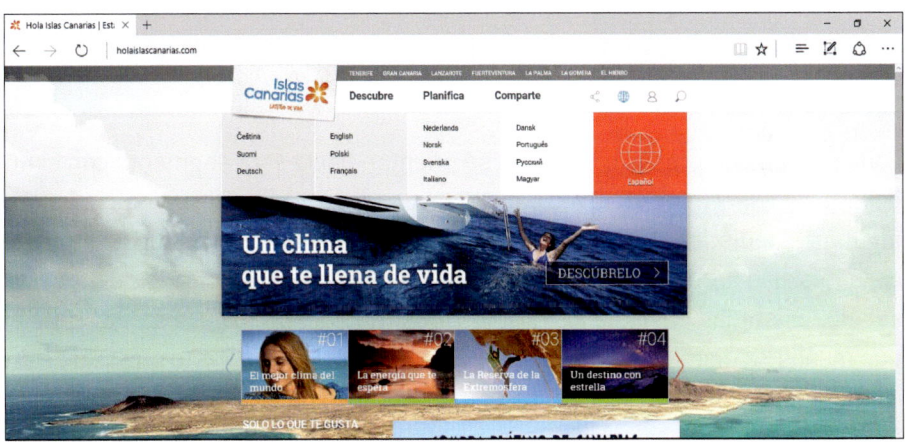

En la parte superior, debajo del logo, pueden verse todos los idiomas a los que ha sido traducida la página web.

2.5.2. Tematización de la información en función de los nichos de mercado

Hasta hace no tantos años, la demanda de productos turísticos superaba a la oferta, por lo que las empresas turísticas ponían en el mercado los servicios que ofrecían, sabiendo que estos iban a ser adquiridos por los clientes y turistas. No era necesario adaptar los servicios y productos al usuario, puesto que eran los clientes y turistas los que compraban aquello que las empresas diseñaban y producían para ellos. En definitiva, era el cliente el que iba a buscar los productos que las empresas le ponían en el mercado.

Desde hace algunos años esta situación ha cambiado y en la actualidad es la oferta la que supera a la demanda. Son ahora las empresas las que tienen que ir a buscar al cliente para conseguir atraerlo y vender, pero no es posible vender cualquier cosa, el consumidor no va a comprar aquello que las empresas pongan a su disposición. Es el cliente el que decide qué quiere comprar, el cliente establece qué es lo que quiere y, en función de eso, las empresas tienen que producir lo que el cliente está demandando en cada momento. De este modo, los productos y servicios que actualmente están en el mercado no son fruto de la casualidad, sino de sendos estudios de mercado que se han realizado para conocer las necesidades de los clientes, lo que necesitan y lo que demandan.

Por lo tanto, en función del perfil del cliente y de sus características, de las necesidades que tenga cada segmento y de lo que demanden, el informador turístico tendrá que saber detectar cuáles son sus expectativas. Por ello, es necesario adecuar y adaptar la información turística a cada perfil de visitante.

A continuación, se analizarán algunos nichos de mercado a los que habría que adaptar la información turística.

TURISMO JOVEN

Cada vez más empresas y destinos se orientan hacia este segmento con el fin de diversificar el mercado y así poder llegar a otros perfiles de usuarios. Según algunas estadísticas, este tipo de clientes representan entre el 25 % y el 30 % de la totalidad de los turistas internacionales. Se trata del segmento que más ha sabido resistir las crisis de los últimos años (la económica y la sanitaria) y el que menos ha disminuido el número de viajes anuales y el gasto que realiza en ellos. Según estadísticas de la OMT, el turismo joven ha alcanzado los 300 millones de viajes internacionales.

Las estadísticas también muestran que gastan el 54 % de su presupuesto en transporte y alojamiento, dejando la otra mitad para las actividades que realizan en destino, donde se incluyen la gastronomía y las actividades de ocio (compras, cultura, etc.).

No obstante, existe una controversia en la franja de edad que hay que incluir en el término «turismo joven», ya que no hay un criterio claro que lo establezca debido a que se trata de algo muy subjetivo. De hecho, según algunos estudios e investigaciones que llevó a cabo la OMT en colaboración con WYSE Travel Confederation, en cada país se establece una franja de edad muy diferente a la hora de determinar al turismo joven, debido a la dificultad de afirmar quién es considerado joven y quién no en esta sociedad moderna. En algunos países se denomina «turismo joven» a las personas que tienen entre 16 y 24 años, aunque en otros países se extiende hasta los 29 o incluso los 35 años.

Lo que sí que está más claro es que el turismo joven incluye a su vez distintos perfiles de viajeros. Algunos de ellos tienen como objetivo el ocio y las vacaciones, también están los estudiantes universitarios que realizan estancias en el extranjero y los jóvenes que realizan turismo idiomático o de estudios (prácticas, Erasmus, estancias de inmersión lingüística, cursos de verano, etc.). Los proyectos denominados *working holiday* y similares también están muy en auge: en estos programas los jóvenes viajan a otro país y compaginan un trabajo temporal con las vacaciones y con el aprendizaje de otra lengua y otra cultura. Similar al anterior, los programas de voluntariado también tienen como objetivo que las personas interesadas —que no siempre son jóvenes— realicen un trabajo no remunerado a cambio de alojamiento, manutención y la experiencia vivida.

Según el estudio «Anuario de viajes: Tendencias del sector turístico. Jóvenes, redes sociales y nuevas formas de viajar», el 75 % de los jóvenes reconoce diseñar el viaje por ellos mismos sin necesidad de depender de agencias de viajes o intermediarios. Por esto, es importante que las empresas turísticas apuesten por la innovación y la digitalización, con el fin de atraer a los clientes más jóvenes que cada vez son un público más numeroso.

Por tanto, el mercado joven es una oportunidad para el futuro del sector turístico, siempre y cuando se realicen campañas de marketing específicas y adaptadas a este nicho de mercado. Los jóvenes viajan a lugares menos frecuentados por otros segmentos de turistas; en ocasiones viajan en temporada baja y la duración de los viajes es bastante mayor que la media. También realizan un número mayor de viajes al año, por lo que es un nicho muy importante que merece la pena atraer.

Algunas estadísticas afirman que casi el 60 % de los jóvenes descartaría destinos no sostenibles para sus futuros viajes, ya que el respeto hacia el medio ambiente es una de sus prioridades también cuando viajan: el 80 % de los jóvenes consultados muestra preocupación por el impacto medioambiental del turismo.

Por todo ello, hay que tener en cuenta que este segmento tiene unas características y hábitos de compra que difieren de otros segmentos. Suelen evitar reservar con agencias de viajes o turoperadores y, en lugar de alojarse en hoteles de cadenas internacionales, eligen proveedores locales y alojamientos de pequeño tamaño.

Las reservas se realizan *online*, se utilizan los dispositivos móviles para planificar rutas y la interacción con otros viajeros es algo habitual para ellos: según las estadísticas, un 29 % utiliza el móvil como canal de contratación de sus actividades de ocio y compra de entradas a museos. Además, los jóvenes dedican un 38 % más de tiempo planificando sus viajes, por lo que realizan más búsquedas, leen más información y reseñas de otros viajeros, etc. Por eso, una de las pautas que pueden seguir las empresas que quieran atraer a este colectivo es la utilización del *marketing* viral en las redes sociales para hacer llegar mensajes a este segmento.

La empresa Hostelworld.com afirma que los jóvenes seguirán viajando independientemente de lo que ocurra en el mundo, sin importar si hay desastres naturales, recesiones mundiales, guerras o conflictos. Los motivos son las ganas de sentirse independientes, la necesidad de vivir aventuras y de conocer culturas, etc.

Además del turismo joven, cuyo auge en parte se debe al alargamiento de la juventud, hay otros perfiles de turistas que también serán los futuros nichos del sector turístico. Pasarán a describirse a continuación:

SOLTEROS

La tendencia al individualismo hará que los solteros que viajan solos sean cada vez más numerosos, debido a la cantidad de personas que en la actualidad viven solas y que no tienen pareja —solteros, divorciados, separados, etc.—. En este caso, la demanda es menos estacional porque pueden viajar en cualquier época del año al no tener niños que les marquen las fechas de las vacaciones. También tienen más tiempo libre y un poder adquisitivo mayor, por lo que el presupuesto que dedican a los viajes es más alto que en otros segmentos de mercado.

En Europa y en los países más desarrollados del continente americano cada vez es más habitual posponer la fecha de la boda y atrasarla hasta los 40 años o más. En ocasiones, no solo se atrasa la fecha de buscar pareja sino que cada vez más personas permanecen solteras de forma indefinida. En este segmento podríamos incluir también a los divorciados o separados sin hijos a su cargo. Estos *singles* suelen tener un poder adquisitivo mayor y el presupuesto que dedican a viajar es superior que el de las familias con niños.

Por eso, es importante que las empresas y operadores diseñen y desarrollen productos y servicios específicos para cada segmento de clientes, para así poder competir en un mercado cada vez más difícil.

PAREJAS SIN HIJOS Y ENAMORADOS

Las parejas jóvenes sin hijos (que han decidido evitar o posponer la maternidad) y las parejas maduras que ya no tienen hijos a su cargo (porque estos ya son mayores) son un segmento importante en el sector turístico. En este caso, como en el anterior, la demanda es menos estacional: viajan en cualquier época del año, principalmente en temporada baja para evitar aglomeraciones y poder valerse de promociones y precios más bajos.

Utilizan diversos canales para informarse y organizar sus vacaciones: internet, amigos y conocidos, agencias de viajes tradicionales o virtuales, etc. Preparan los viajes con bastante antelación, y el presupuesto dedicado al ocio es bastante mayor al carecer de obligaciones familiares.

En el caso de los viajes por España, utilizan el coche tanto para viajar al destino como para desplazarse en él y se alojan en hoteles o apartamentos. Buscan actividades culturales, turismo urbano, ocio nocturno, actividades deportivas, etc.

En el caso de viajes al extranjero, se desplazan en avión y, en ocasiones, alquilan coche para poder recorrer el destino.

El objetivo es conocer lugares nuevos y obtener un viaje con una buena relación calidad-precio.

GRUPOS DE AMIGOS

Los grupos de amigos jóvenes también son un nicho de mercado interesante para el sector. Según van pasando los años y terminan sus estudios, van ganando en independencia económica y ven sus ingresos aumentados, por lo que cada vez realizan viajes más lejanos, más caros y con mayor frecuencia. La norma más habitual es que sean grupos de entre 2 y 5 personas, y generalmente son menores de 35 años. Normalmente realizan cada año un viaje más largo y tres o cuatro de menor duración.

Sus objetivos son explorar el mundo y divertirse. La información para organizar el viaje la extraen de internet o de las recomendaciones de amigos y conocidos, por lo que organizan sus vacaciones sin intermediarios, diseñándose ellos mismos su viaje a medida —aunque a veces no lo planifican con antelación y dejan lugar a la improvisación—.

En cuanto al medio de transporte más utilizado, está el vehículo privado —para los viajes de menor duración a destinos más cercanos—, los vuelos de bajo coste —para las escapadas por Europa— o los vuelos de aerolíneas tradicionales —para los destinos más lejanos—.

FAMILIAS CON HIJOS PEQUEÑOS

Aunque en los países desarrollados hay un descenso generalizado de la natalidad, el segmento de las familias con hijos en edad escolar es importante, y hay que tenerlo en cuenta. Cuando los padres trabajan a tiempo completo, apenas pasan tiempo con sus hijos, por lo que es en vacaciones cuando quieren disfrutar de su compañía mientras viajan. Para ellos, las vacaciones son una necesidad, una excusa para pasar tiempo de calidad con sus hijos, una cita anual a la que no pueden faltar, incluso en épocas de menor bonanza económica se hace un esfuerzo para disfrutar de unos días de vacaciones en familia.

Los viajes se realizan en temporada alta: vacaciones escolares de verano (julio y agosto), Semana Santa, Navidad y puentes. Según un estudio de la consultora Daemon Quest, la estancia media es de entre una o dos semanas y gastan una media de 950 € por persona. Si se trata de un puente o unas vacaciones de menor duración, el viaje oscila entre los cuatro y cinco días y el gasto medio es de 380 € por persona. La reserva se realiza con bastante antelación y el principal medio de transporte es el vehículo privado. Los destinos preferidos son los de sol y playa, los de naturaleza y los parques de atracciones. Principalmente utilizan las agencias de viajes para informarse y realizar la reserva y dan un valor mayor a la seguridad, al servicio y al confort, según el informe de Daemon Quest.

2.5.3. Accesibilidad de la información para los clientes con necesidades especiales

La Constitución Española recoge en su artículo 19 que «los españoles tienen derecho a elegir libremente su residencia y a circular por el territorio nacional». En el año 2006, las Naciones Unidas garantizaron el acceso al turismo como derecho universal en la «Convención de los derechos de las personas con discapacidad».

El turismo accesible puede definirse como la eliminación de las barreras arquitectónicas con el objetivo de que todas las personas puedan disfrutar de su tiempo de ocio. Por eso, el fin es diseñar productos turísticos accesibles a todos los públicos, independientemente de sus capacidades físicas o psíquicas. Para no tener que eliminar barreras, lo ideal sería diseñar los espacios accesibles desde el inicio: así, no habría que eliminar posteriormente esas barreras.

Según datos de la Organización Mundial de la Salud, en el mundo hay más de 1.000 millones de personas con alguna discapacidad, es decir, el 15 % de la población mundial. En España la cifra asciende a los 4,38 millones de personas, esto es, un 9,17 % del total de la población.

El de las personas con discapacidad es uno de los nichos de mercado que mayor protagonismo está tomando en los últimos años dentro del sector turístico. El porcentaje de personas con discapacidad es muy grande y cada vez tienen más ganas de viajar y de realizar actividades de ocio. Además, tienen mucho tiempo libre, ya que algunos de ellos no tienen responsabilidades laborales. No obstante, también son muchas las personas que no viajan y el motivo principal es el miedo o la incertidumbre a no encontrar destinos y alojamientos accesibles para ellos.

Aunque hasta hace pocos años no se ha mostrado por parte de las administraciones públicas ni de las empresas privadas un interés real en conseguir incrementar la accesibilidad en el turismo, estos últimos años han surgido iniciativas —públicas y privadas— y se han llevado a cabo algunos proyectos para conseguir que estas personas tengan también acceso y derecho al ocio. Posteriormente se analizarán algunas de ellas.

Beneficios de fomentar el turismo accesible para las personas con discapacidad

- Es un derecho básico el garantizar el acceso a todos los servicios a cualquier persona, sea cual sea su situación, edad, discapacidad o características. Es importante garantizar la igualdad de oportunidades.

- El ocio y el tiempo libre es un eje fundamental e imprescindible en la integración social de las personas. El tener un destino sostenible implica generar una satisfacción total en el cliente. De esta forma, la imagen que se proyecta en el colectivo con discapacidad es muy positivo: se sienten totalmente integrados y ven que su protagonismo en el tiempo libre es cada vez mayor.

Beneficios de fomentar el turismo accesible para las empresas del sector turístico

- Es una buena oportunidad de negocio. Los clientes con discapacidad son más rentables que otros clientes y habitualmente generan un gasto mayor. Además, normalmente contratan paquetes turísticos. Es necesario tener en cuenta que este sector no elige el destino o alojamiento de sus vacaciones en función del precio o ubicación, el principal factor que valoran es el grado de accesibilidad que tenga el alojamiento y/o destino.

- Cuando una persona discapacitada realiza un viaje, generalmente no viaja sola. Es habitual que con ella vayan, como mínimo, una o dos personas más. A este efecto se le denomina «multicliente», por lo que la rentabilidad que consigue la empresa es mucho mayor que con otros segmentos de clientes.

- Las empresas consiguen mejorar su imagen. Proyectarán en la sociedad una imagen de ser una empresa/destino que se preocupa por la igualdad de los colectivos más desfavorecidos. Así, se mejorará el posicionamiento con respecto a la competencia.

- Es beneficioso porque se consigue mejorar la responsabilidad social, compromiso de equidad e igualdad y la justicia. Tener en cuenta a las personas con necesidades especiales refuerza la imagen responsable de la empresa.

- Se potencia la imagen de marca y se aumenta la diferencia positiva frente a la competencia.

- En cuanto a la economía local, es beneficioso atraer grupos de discapacitados puesto que este tipo de clientes viajan en temporada baja. Debido a que muchos de ellos no tienen responsabilidades laborales, aprovechan las promociones y bajos precios del invierno para viajar, y así se consigue reducir la estacionalidad. Esta desestacionalización de la demanda supone un impacto más que favorable para la economía local: se pueden mantener los hoteles abiertos en los destinos de costa en los que generalmente muchas empresas turísticas cierran durante los meses invernales. Con esta desestacionalización, los empleos se mantienen durante todo el año, evitando que el personal sea despedido durante los meses de invierno. Así, se consigue que las empresas también aumenten sus ingresos y que el sector se vaya transformando poco a poco. El objetivo, por lo tanto, es captar y fidelizar un segmento cada vez más numeroso.

- Como se ha comentado antes, las personas con discapacidad o movilidad reducida eligen un destino adaptado a sus necesidades. Por ello, prefieren repetir el mismo destino cada año en lugar de arriesgarse e ir a un lugar que no conocen. Por lo tanto, son los clientes más fieles que existen. Además, la estancia media también aumenta, puesto que este segmento de mercado realiza estancias más largas que la media.

- En definitiva, ser accesibles es sinónimo de calidad. Es un valor añadido con respecto a la competencia, implica tener más servicios, dar más facilidades a los clientes, un mayor confort y una mejor atención al cliente.

Según la Organización Mundial de la Salud, la discapacidad se define de la siguiente manera: «La restricción o ausencia de la capacidad para realizar una actividad, en la forma o dentro del margen que se considera normal para un ser humano». La palabra *accesibilidad,* de la que previamente se ha hablado, está relacionada con tres actividades: movilidad, comunicación y comprensión.

De este modo, hablar de accesibilidad es hablar de eliminación de barreras arquitectónicas. El objetivo es facilitar y garantizar el uso de todos los bienes, productos y servicios a todos los usuarios.

Lo lógico, ético y moral sería que todas las empresas turísticas (y las no turísticas) consigan eliminar las barreras arquitectónicas para garantizar el disfrute de sus servicios a toda la sociedad por igual, pero la realidad es que hay infinidad de empresas, principalmente en el sector de la hotelería, que han decidido no adaptar sus instalaciones a personas con discapacidad, debido al enorme gasto que ello supone. Otras empresas han decidido adaptar sus establecimientos incentivados, básicamente, por motivos económicos. Es interesante, desde el punto de vista empresarial, atraer este tipo de turistas, por los motivos que se comentaban en las líneas superiores: viajan acompañados, eligen la temporada baja para realizar sus viajes, etc.

No obstante, en lugar de hablar de empresas o alojamientos accesibles, sería conveniente hablar de «destinos turísticos accesibles» en su totalidad. De nada sirve que un hotel esté adaptado a personas con discapacidad si los recursos turísticos y las actividades no están adaptadas. Que un alojamiento esté adaptado no es motivo suficiente para atraer este tipo de clientes. También tiene que estar adaptado el entorno urbanístico, los transportes, las actividades, recursos turísticos y culturales, etc.

A continuación, se darán algunos ejemplos de recursos turísticos o destinos turísticos adaptados.

EJEMPLOS

Para poder comprender mejor cómo se aplica la accesibilidad al día a día de las empresas turísticas, se van a explicar algunos ejemplos de entidades y administraciones turísticas que han puesto en marcha iniciativas y planes para fomentar el turismo accesible.

Madrid

En el año 2016, el Ayuntamiento de Madrid realizó un spot publicitario denominado «Madrid, una ciudad de puertas abiertas». En dicho vídeo se hace énfasis en todas las formas de moverse que ofrece la ciudad, alegando también que es «una ciudad preparada para todos». Madrid cuenta con visitas guiadas adaptadas a personas con distintas discapacidades en diversos museos de la ciudad. También se ofrecen signoguías en algunos de los principales recursos turísticos y profesionales preparados y formados que son capaces de atender a todos los perfiles de viajero. Otros servicios que ponen a disposición de los turistas, para demostrar el espíritu integrador con el que cuentan, son los siguientes: medios de transporte sin barreras (autobuses con rampa, una red de metro con accesos preparados, etc.), restaurantes y hoteles adaptados para poderse desenvolver con autonomía, aplicaciones informáticas adaptadas para localizar información turística de la ciudad, etc.

Además, cuentan con un canal de Youtube denominado «Accesible Madrid» en el que se pueden ver vídeos e información sobre accesibilidad en otros ámbitos, no solo en el turístico.

Córdoba

Otro ejemplo es el de la empresa denominada «Ecotour Turismo Accesible». Con el eslogan «Turismo sin barreras en Córdoba», se trata de una empresa privada que presta servicios para facilitar la accesibilidad a los recintos turísticos, recursos turísticos y culturales o lugares de ocio de Córdoba. La empresa cuenta con guías e intérpretes en diversos idiomas y en lengua de signos. También pueden aportar elementos de transporte eléctrico como sillas o coches motorizados y scooter para personas con problemas de movilidad. Han diseñado diez rutas accesibles para poder conocer la ciudad y sus recursos, pudiendo acceder en estos itinerarios al interior y exterior de los siguientes monumentos: Sinagoga, Mezquita, Patios del Alcázar Viejo, Baños Califales, Puente Romano, Real Jardín Botánico, Cementerio de Nuestra Señora de la Salud, etc. También diversos museos de la ciudad son totalmente accesibles, pudiendo diseñar rutas personalizadas para distintos grupos y colectivos que las demanden.

Tal y como indican en su vídeo de presentación, su objetivo es «la eliminación de barreras y la accesibilidad universal».

Museo Guggenheim Bilbao

El Museo Guggenheim de Bilbao fue el primero en obtener el Certificado 17001-2. AENOR —Asociación Española de Normalización y Certificación— ha certificado que el museo cuenta con un sistema de gestión de accesibilidad universal. Esto significa que está adaptado a visitantes con discapacidades físicas, psíquicas y sensoriales.

Posteriormente, el Museo de la Naturaleza y el Hombre de Tenerife y el Museo Thyssen-Bornemisza de Madrid consiguieron la misma certificación.

Algunos de los aspectos que se tienen en cuenta a la hora de proporcionar la certificación son los siguientes: orientación y situación de la señalética y accesos, adaptación de cartelería y módulos expositivos (braille y macrotipos), incorporación de dispositivos multimedia interactivos adaptados a distintas discapacidades, audioguías adaptadas (con audiodescripciones para invidentes), signoguías (gracias a las cuales los discapacitados auditivos pueden realizar la lectura de la lengua de signos), etc.

Ávila

El ayuntamiento de Ávila se ha convertido en un referente por el trabajo realizado en materia de accesibilidad. Ello le ha llevado a recibir premios como el CERMI. También fue la primera Ciudad Europea de la Accesibilidad en el año 2011.

La Muralla de Ávila es un ejemplo de accesibilidad en España. Es posible recorrer parte de la muralla en silla de ruedas y/o con carrito de bebé. Este itinerario adaptado se inauguró en el año 2008 pero también hay otros recursos que le han dado la fama de ser un monumento «para todos».

En el Centro de Recepción de Visitantes existe un servicio de préstamos de sillas de ruedas para que las personas con movilidad reducida puedan visitar la ciudad de manera más cómoda. También hay un bucle magnético para que los usuarios de audífono puedan comunicarse más fácilmente con el personal del centro.

Las audioguías-videoguías están en nueve idiomas, siendo dos de ellas la lengua de signos española y la internacional. Además, hay un guión diseñado específicamente para niños. El diseño de estos dispositivos hace que su manejo sea sencillo e intuitivo, para que cualquier persona pueda utilizarlas.

Los puntos de autoinformación interactivos tienen texto escrito y locuciones en varios idiomas y también en lengua de signos. Los caracteres están ampliados y la pantalla es táctil.

Las maquetas tiflológicas ayudan a comprender mejor la muralla y están especialmente diseñadas para visitantes con discapacidad visual. Así, cada una de las maquetas representa una parte o tramo de la muralla. Realizadas en bronce o en madera, cualquier visitante que lo desee —no solo las personas con deficiencia visual— puede conocer el principal monumento de la ciudad a través del tacto. Además, también se entrega a los interesados un cuadernillo en braille que explica la historia de la muralla, por lo que ayuda al interesado a interpretar este importante recurso turístico.

En el centro se proporciona un plano-callejero gracias al cual pueden conocerse las plazas de aparcamiento reservadas a personas con movilidad reducida.

Asimismo, existe una ruta accesible que comunica los principales monumentos de la ciudad.

Además, se ha editado una guía en formato papel denominada «Guía de recursos accesibles de la ciudad de Ávila», que explica cada una de las iniciativas realizadas en materia de accesibilidad turística. También pueden conocerse los alojamientos, restaurantes, monumentos y espacios culturales accesibles de la ciudad.

Arona

Además del porcentaje de la población que padece alguna discapacidad, el envejecimiento poblacional hace que cada vez haya más personas mayores que quieren viajar a un destino que esté adaptado a sus necesidades. A eso hay que sumar las personas que temporalmente usan muletas, las familias con niños pequeños que necesitan usar carrito, etc.

El haberse especializado en turismo accesible ha tenido como consecuencia que en Arona el gasto medio de este perfil de turista doble al gasto que realiza un turista convencional.

Museo Vivanco de la Cultura del Vino

El Museo Vivanco de la Cultura del Vino, ubicado en la localidad riojana de Briones, es otro ejemplo de accesibilidad. Dispone de un recorrido adaptado a personas con discapacidad visual. El pavimento tiene una textura diferente y tiene advertencias para que los visitantes puedan pararse en los puntos de mayor interés. Los paneles están en braille y existe la opción de tocar algunos de los objetivos expuestos.

También hay pantallas de interactuación y un recorrido alternativo para niños.

Fundació Joan Miró

Esta fundación contempló desde sus inicios el acceso en la planta baja a través de una rampa. Se ofrecen visitas comentadas especialmente diseñadas para personas con discapacidad visual, así como espacios de consulta equipados con lupas para personas con baja visión.

Además de los bucles magnéticos en los puntos de información y auditorio, hay audioguías especiales para personas con discapacidad auditiva. En las visitas a las exposiciones y espectáculos infantiles también se puede solicitar el servicio de traducción-interpretación en lengua de signos.

Todos los espacios del museo son accesibles con silla de ruedas y disponen asimismo de una plaza de aparcamiento reservada a personas con movilidad reducida.

No obstante, todavía siguen trabajando para que todos los visitantes —tengan la discapacidad que tengan— puedan participar en esta experiencia artística.

Barcelona y Cataluña

La ciudad condal tiene una web denominada «Barcelona accesible», disponible en el siguiente enlace http://www.barcelona-access.com. Propone museos adaptados para personas invidentes, hoteles sin barreras arquitectónicas, playas accesibles o visitas en lengua de signos.

Similar a la anterior, la Generalitat de Cataluña pone a disposición de los interesados una web denominada «Turismo accesible. Turismo para todos» (http://turismeperatothom.catalunya.com/ca/). Propone 19 destinos —repartidos por toda la comunidad— que cuentan con recursos turísticos accesibles para discapacitados: museos, playas, alojamientos, parques, transportes, gastronomía, etc.

Ministerio de Derechos Sociales, Consumo y Agenda 2030

Ceapat (Centro de referencia Estatal de Autonomía Personal y Ayudas Técnicas) —perteneciente al Ministerio de Derechos Sociales, Consumo y Agenda 2030— editó una guía denominada «Establecimientos y equipamientos accesibles en las ciudades». Este documento es una recopilación que identifica y presenta algunas instalaciones accesibles de diversas ciudades españolas, adecuadas a la diversidad de situaciones y discapacidades que se pueden tener en todas las edades. También se nombran los grupos y entidades implicados en la discapacidad con enlaces útiles: webs, auditorías, prensa, etc.

Todo ello con el objetivo que las más de tres millones de personas que en España tienen alguna discapacidad consigan reducir las dificultades a las que se enfrentan en su día a día. El fin es que estos ejemplos sirvan como modelo para que otras empresas, establecimientos y equipamientos puedan ser también accesibles.

Zaragoza

Zaragoza comenzó en el año 2009 una serie de visitas guiadas especialmente adaptadas para personas con distintas discapacidades. Este itinerario —de 90 minutos de duración— recorre lugares emblemáticos de la ciudad como el casco histórico, la Basílica del Pilar, el Museo Pablo Gargallo o los restos romanos que se esconden bajo la ciudad.

Se ofrecen todos los sábados del año, pero es necesario realizar una reserva previa y consultar el calendario en la web oficial, debido a que algunos sábados la visita está enfocada a discapacitados auditivos, otros sábados las visitas se realizan para personas con discapacidad intelectual, otros días la visita se hará para las personas con movilidad reducida o para turistas con discapacidad visual.

Playas accesibles

Las playas accesibles son las que ofrecen facilidades para que las personas con movilidad reducida puedan disfrutar del baño como el resto de visitantes. Para que una playa pueda considerarse accesible para personas que van en sillas de ruedas, tiene que reunir los siguientes requisitos:

- Que la playa esté debidamente señalizada con carteles visibles en las carreteras de acceso y en las inmediaciones de la playa. Estos carteles tendrán que incluir los elementos y servicios que la playa pone a disposición de sus usuarios.

- Que haya vestuarios, baños y duchas adaptadas.

- Que haya plazas de aparcamientos reservadas para personas con movilidad reducida.

- Que haya pasarelas de madera sobre la arena para poder acceder al agua. También tiene que haber pasarelas en otros puntos de la playa, algunos de ellos en sombra, realizadas con materiales no deslizables para que pueda facilitarse el acceso a personas que van con bastones o muletas.

- Que haya plataformas laterales junto a las pasarelas para dejar las sillas de ruedas.

- Que haya personal de apoyo para poder ayudar a estas personas y supervisarles en todo momento. Estos socorristas tendrán que tener conocimientos relacionados con la manipulación y ayuda a personas con discapacidad.

- Que haya a disposición de las personas interesadas ayudas técnicas para que estos usuarios puedan bañarse: sillas anfibias, chalecos salvavidas, muletas anfibias, chalecos flotadores, aros de flotación, etc.

No obstante, aunque muchas playas presumen de estar habilitadas para usuarios en sillas de ruedas, las playas españolas no están adaptadas a otro tipo de discapacidades: por ejemplo, no están habilitadas para que personas con problemas de visión puedan hacer uso de ellas. La playa más accesible según algunas fuentes es la de la Misericordia, en la ciudad de Málaga: cuenta con *parking,* rampas, pasarelas hasta el agua, aseos y vestuarios adaptados. Además, se han instalado balizas sonoras para personas ciegas: con este sistema, los usuarios pueden orientarse a través de los sonidos y mensajes que emiten estas boyas flotantes.

Las playas adaptadas a personas con discapacidad visual tendrán que tener altavoces informativos y carteles en braille.

Otras playas que pueden tomarse como ejemplo de accesibilidad son Mendexa y Lekeitio, en Bizkaia; Talamanca, en Ibiza; Burriana, en Castellón; o Pinedo, Malvarrosa y Cabanyal, en Valencia.

Espacios naturales adaptados

Algunos espacios naturales también han creado un recorrido o itinerario adaptado para personas con algún tipo de discapacidad: itinerarios adaptados para visitantes que van en sillas de ruedas, rutas sensoriales pensadas para personas ciegas, etc.

Por nombrar algunos ejemplos, se pueden citar los siguientes.

- Paseo Accesible de Arantzazu, en Oñati (Gipuzkoa).
- Itinerario sensorial del Parque Natural del Señorío de Bertiz, en Navarra.
- Espacio Natural adaptado y aula sensorial de L'Avaiol, en Alicante.
- Parque Natural de los Aiguamolls del Empordà, en Girona: sendero accesible, observatorio de aves, etc.
- Itinerario sensorial de Can Grau en el macizo del Garraf, Barcelona
- Itinerario botánico de la Pleta, en el Garraf (Barcelona).
- Itinerario adaptado en Santa Fe del Parque Natural del Montseny, Barcelona.
- Itinerario sensorial en el jardín histórico de Castrelos, Vigo.
- Ruta de Arousa Norte, en Galicia. Se trata del primer destino turístico integral para invidentes en España.

Cabe destacar que en la provincia de Barcelona hay muchísimos senderos adaptados e itinerarios sensoriales repartidos por toda la geografía.

Tipos de discapacidad y pautas de actuación para los profesionales del sector turístico

Generalmente, las discapacidades se clasifican en cuatro tipos o grupos:

- Discapacidad intelectual
- Discapacidad física
- Discapacidad auditiva
- Discapacidad visual

Es imprescindible que toda la plantilla de una empresa u organización se implique en el proceso de accesibilidad. El aspecto más importante es la formación. Es necesario formar al personal —especialmente al que está en contacto directo con el cliente— para que sepan atender a los visitantes o clientes. Conseguir que el cliente con discapacidad se encuentre bien acogido es lo más importante.

A continuación, se facilitarán algunas pautas o consejos generales a la hora de tratar a las personas con discapacidad.

- Antes de caer en la sobreprotección, preguntaremos a la persona discapacitada si necesita ayuda. Posiblemente no la necesite, y un exceso de voluntarismo y de ayuda puede hacerle sentir mal.

- Nos dirigiremos siempre a la persona con la que estemos interactuando. Si queremos decirle algo a ella, se lo diremos directamente, no le hablaremos a su acompañante.

- Es preferible evitar el uso de términos obsoletos que en la actualidad no se pueden utilizar, puesto que pueden resultar irrespetuosas par estas personas: «inválido», «discapacitado», «minusválido»... Será preferible utilizar otros términos como «persona con necesidad especial» o «persona con discapacidad».

- Es necesario saber que hablar/acompañar a estas personas en ocasiones nos puede llevar más tiempo y habrá que tener paciencia. No se les podrá meter prisa ni nos pondremos nerviosos. Será necesario hablar de forma clara, explicar las cosas de forma que nos entiendan y antes de dar por terminada la conversación es imprescindible saber si han entendido nuestras indicaciones.

- Tanto para personas con discapacidad visual como para las que tienen problemas al andar o van en sillas de ruedas, es necesario que los pasillos y estancias estén libres de obstáculos. Se evitará dejar objetos en el suelo que dificulten el movimiento de las personas.

Ahora, se ofrecerán algunas normas básicas a la hora de atender a clientes de cada una de las discapacidades.

DISCAPACIDAD INTELECTUAL

- El cliente agradecerá un trato natural y sencillo. Habrá que tratarle como a un adulto, no se le hablará como si fuera un niño.

- Habrá que responder a todas sus preguntas pausadamente, con un lenguaje claro. Es necesario asegurarse de que ha entendido correctamente nuestras indicaciones.

- Se evitarán las frases demasiado largas o técnicas, así como las metáforas o las paráfrasis. El lenguaje será sencillo y comprensible, vocalizando correctamente.

- Si el cliente no entiende el mensaje, en lugar de repetirlo de la misma manera, será más recomendable explicarlo con otras palabras. Pero sin ser paternalista, no es necesario hablarles como a los niños.

- Se evitará la sobreprotección. No se le dará ayuda si no lo ha solicitado.

En cuanto a las personas que tienen dificultades para hablar, habrá que tener en cuenta las siguientes pautas:

- Si no le hemos entendido, es necesario hacérselo saber y solicitarle que repita la frase. No es recomendable hacer como si le hubiéramos entendido, puesto que la comunicación no fluirá correctamente. Es preferible decirle que no le hemos entendido, para que proceda a repetir la frase hasta que podamos entenderle.

- Es necesario tener en cuenta que el ritmo de la conversación será más lento que lo habitual. No hay que intentar tener prisa por finalizar la conversación.

- Si una persona sordomuda está gritando es porque no controla su tono de voz. Será necesario decirle amablemente que intente bajar el volumen del habla.

DISCAPACIDAD FÍSICA

Las personas que van en sillas de ruedas demandan un trato especial en algunos aspectos. Estas son las pautas más importantes a tener en cuenta:

- Es imprescindible dirigirse a la persona que va en silla de ruedas y mirarle a él a los ojos, no únicamente al acompañante. Es importante que él no se sienta «invisible» y que adquiera el mismo protagonismo que la persona que viaja con él.

- Para hablarle será necesario situarse frente a él y a la misma altura, principalmente en conversaciones que se demorarán en el tiempo. El contacto visual es igual de importante que para cualquier otra persona.

- Si el cliente no solicita ayuda, no se le ayudará. En caso de que nos la solicite, le ayudaremos. Si no sabemos utilizar la silla de ruedas, le preguntaremos por su manejo, para hacerlo correctamente y evitar contratiempos. No comenzaremos a empujar la silla de ruedas hasta haber comprendido su funcionamiento. Sobre todo, no hay que intentar subir o bajar escalones si no se tienen conocimientos —o fuerza— suficiente para hacerlo.

- Es necesario conocer la accesibilidad que presenta el establecimiento en el que trabajamos. Es habitual encontrar puertas estrechas que impidan el acceso con silla de ruedas en algunas zonas.

- Es imprescindible mantener despejadas las zonas de paso para que estos clientes puedan moverse con facilidad.

- En el caso de empresas turísticas como hoteles u oficinas de turismo, es recomendable que tengan una zona del mostrador a una altura menor. Así, se podrá atender a las personas en silla de ruedas sin ninguna dificultad.

En el caso de personas que utilizan muletas o que caminan muy despacio, estás serán las pautas de actuación a tener en cuenta:

- Evitaremos que, en caso de aglomeración, el resto de clientes empuje a estas personas.

- Será necesario igualar el paso al de la persona. No podremos decirle que camine más deprisa. Siempre habrá que caminar al ritmo de la persona más lenta.

- Si el cliente va cargado con bolsas o maletas, nos ofreceremos a ayudarle.

DISCAPACIDAD AUDITIVA

Los clientes que presentan una discapacidad auditiva también necesitarán un trato especial. A continuación, se mostrarán algunos consejos básicos a la hora de tratar a un cliente con este tipo de problemáticas:

- Cuando hablamos con una persona con problemas de audición, inconscientemente tendemos a elevar el tono de voz, como si elevando el tono conseguiríamos que comience a escucharnos. Es importante no cometer este error.

- Si alguien del personal de la empresa conoce el lenguaje de signos, le pediremos ayuda. En caso contrario, una buena idea puede ser utilizar la escritura como canal de comunicación.

- Es recomendable mirar a la persona de frente, para que pueda leernos los labios. Hablaremos despacio y vocalizaremos correctamente, deteniéndonos también en la correcta articulación de las palabras. No podremos tener objetos en la boca (bolígrafos, tabaco, chicle, etc.) para evitar problemas a la hora de vocalizar. Además, es importante permanecer siempre en la misma postura, y en una zona bien iluminada. Si de repente nos movemos o nos giramos, nuestro interlocutor no nos podrá leer los labios.

- Si el cliente lleva un intérprete en lengua de signos, le hablaremos al cliente, no al intérprete.

- Antes de comenzar a hablarle, es necesario asegurarnos de que nos estará prestando atención. Podemos avisarle con un toque en el brazo, por ejemplo.

- Con estos clientes es muy importante la comunicación no verbal. Le miraremos a los ojos en todo momento e intentaremos obtener pistas a través de sus gestos para saber si nos entiende y poder comprender qué es lo que necesita.

DISCAPACIDAD VISUAL

En cuanto a los clientes con discapacidad visual, las pautas a tener en cuenta son las siguientes:

- Al hablar con una persona invidente, será necesario presentarse y presentar también a las personas que se encuentren en el lugar. También será imprescindible despedirse antes de abandonar el lugar, para que la persona discapacitada sepa que se quedará sola.

- Cuando haya que dar indicaciones de dirección, se describirá verbalmente el itinerario a seguir. Además, habrá que tener especial cuidado en dar las indicaciones correctamente y con todo lujo de detalles, avisando también de los obstáculos que se van encontrando a lo largo del camino. No podremos utilizar expresiones como «allí» o «esto de aquí» —además, estas frases suelen ir acompañadas por gestos— porque es muy ambiguo y nuestro interlocutor no sabrá a qué nos referimos.

- Para acompañarle a algún lugar, se le ofrecerá el brazo, con el objetivo de que lo agarre y pueda seguir las indicaciones de la persona que lo está acompañando. Se caminará por delante, para hacer de guía, pero sin empujar, ni insistir ni meter prisa.

- Será importante advertirle de los obstáculos, para evitar caídas. Además, es importante tener en cuenta que no se podrán dejar objetos en los pasillos o en sitios que puedan suponer un peligro a este tipo de personas. El orden es muy importante para las personas ciegas.

- Si hay que dar algún tipo de explicación en cuanto a ubicación o dirección, se podrá utilizar el sistema horario para dar las indicaciones oportunas. Por ejemplo, se le dirá «a y cinco está la estantería con el microondas».

- Las puertas o ventanas deberán estar totalmente abiertas o completamente cerradas —nunca entreabiertas—, para evitar golpes y accidentes.

- Al igual que con las personas sordas, a veces nuestro subconsciente hace que elevemos el tono de voz. No sirve de nada porque no por hablar más alto van a entendernos mejor. Es imprescindible hablar en un tono normal, sin gritar, hablando despacio y claro, y siempre mirándole a la cara. Además, será necesario hablar directamente a la persona, mirándole de frente, para que sepa que nos estamos dirigiendo a él.

- Es importante dirigirnos a la persona ciega si tenemos que decirle algo, no a su acompañante. En ocasiones, es beneficioso tocarle el brazo para que sepa que vamos a comenzar a hablarle.

- Según la legislación española, el perro guía tiene derecho a acceder a las mismas estancias que su dueño. Y las personas ciegas tienen derecho a acceder a cualquier lugar que deseen. Por lo tanto, está prohibido prohibir al perro guía el acceso a bares, supermercados, etc.

- No es recomendable tocar o jugar con el perro lazarillo. Está trabajando y no debe distraerse.

- Si la situación requiere un acercamiento a la persona para darle dos besos, antes de hacerlo le avisaremos para que no le pille desprevenido.

- Del mismo modo, cuando tengamos que marcharnos, le avisaremos para que el cliente sepa que se queda solo.

No obstante, no hay que olvidar que cuando un cliente con discapacidad acude a una empresa turística, siempre o casi siempre lo hará acompañado de un amigo o familiar. En caso de que viajen en grupo, irán con responsables o monitores de la asociación a la que pertenezcan. Por lo tanto, estas personas nos indicarán y ayudarán en todo momento a comunicarnos con el resto de clientes para que su estancia sea lo más agradable posible.

Como ya se ha explicado anteriormente, hay otro tipo de clientes con necesidades especiales que no tienen discapacidades, pero que también hay que tratarlos de forma «distinta» o especial. A continuación se facilitarán algunas pautas básicas que pueden resultar interesantes a la hora de tratar con algunos segmentos de clientes específicos.

CLIENTES CON NIÑOS PEQUEÑOS

- Es necesario disponer de alimentos especiales para que consuman los niños. Además, se les intentará facilitar, por ejemplo, la preparación de purés para la cena. Los bebés tienen la estancia en el hotel de forma gratuita y, por lo tanto, no suelen tener derecho a cenar. No obstante, los padres valorarán muy positivamente que se les prepare un puré o similar.

- Será muy importante tener un microondas a disposición de los clientes las 24 horas del día. Puede estar ubicado en alguna estancia noble, de forma que los clientes puedan acceder a él en cualquier momento del día. También puede estar ubicado en la cocina: en este caso si un cliente necesita utilizarlo por la noche tendrá que solicitárselo al recepcionista y este calentará lo que el cliente le haya entregado. Este servicio es muy útil para calentar biberones o la comida que las familias llevan preparada de casa para los bebés, y los clientes que viajan con niños pequeños agradecen profundamente que se les ofrezca este servicio.

- Es imprescindible contar con varias tronas en el comedor, además de mobiliario adaptado a los niños.

- También se puede ofrecer un servicio de *babby-sitter* (lo que se conoce en algunos países como «canguro»). Muchos hoteles cuentan con una persona de confianza a la que suelen recomendar cuando un cliente solicita este servicio. Esta persona no trabaja para el hotel: la contratación y el pago no la realiza el hotel, sino que es un acuerdo al que llegan el cliente y la *babby-sitter*. El hotel simplemente facilita al cliente sus datos de contacto, a modo de ayuda o de favor, pero el hotel nunca es responsable de cualquier problema posterior que pudiera haber ni tampoco de las tarifas que esta persona cobre o de las condiciones que tenga.

- Es imprescindible tener en recepción información de los hospitales y centros de salud más cercanos, así como de las farmacias de guardia en la zona: dirección, teléfonos, horarios, etc. A la hora de hacer una reserva de hotel, las familias con hijos pequeños suelen preguntar por estos datos, siendo una prioridad para ellos a la hora de elegir un alojamiento en el que haya servicios sanitarios en las inmediaciones, para poder actuar de manera rápida ante cualquier problema de salud que el niño pudiera tener.

CLIENTES EXTRANJEROS / CON OTRAS RELIGIONES

- Es imprescindible conocer los horarios y necesidades específicas de otras religiones distintas a la nuestra, además de las limitaciones alimentarias que otras culturas pudieran tener.

Por ejemplo, en China el número 4 es el de la mala suerte, y ellos evitan estar cerca de cualquier cosa que tenga este número. Conociendo estas curiosidades, se evitará darle al cliente una habitación que contenta el número 4 o que esté en la cuarta planta. El cliente agradecerá el detalle y el esfuerzo realizado por el hotel para entender su cultura.

CLIENTES CELÍACOS

- Los celíacos no pueden comer ningún producto que contenga como ingrediente trigo, avena, cebada, centeno... y productos derivados como harina, pan y pasta.

- Se evitará freír alimentos sin gluten en aceite donde previamente se hayan freído productos con gluten.

Cuando un celíaco realiza una reserva en el hotel es recomendable que se realicen pedidos de pan sin gluten y otros alimentos que el celíaco consumirá durante su estancia. En caso de hoteles de gran tamaño será recomendable tener siempre en el almacén estos productos por si algún cliente realizara la reserva con poco tiempo de antelación.

Además, hay que tener en cuenta que el número de celíacos es altísimo hoy en día. En España se estima que puede haber una proporción de 1/71 en la población infantil y 1/357 en la población adulta. Siendo así, lo más recomendable es que el hotel tenga en la carta alimentos y platos específicamente diseñados para este segmento. También es imprescindible indicar junto a cada plato cuáles pueden consumir y cuáles no.

2.6. Integración e interrelación de información

Durante los capítulos anteriores se han identificado las fuentes de información turística, se han valorado, caracterizado y se han clasificado. También se han explicado las pautas para su análisis, contraste, archivo y actualización.

Todo ello es imprescindible para lograr una correcta integración e interrelación de la información y documentación que se utiliza en un centro de información turística. Para lograr esa integración es necesario tener en cuenta el tamaño de la oficina, así como la división de la misma y la organización de espacios internos destinados a almacenes. En función de la ubicación de la oficina, de su tamaño y del número y tipología de servicios que preste se realizará esta integración de distintas formas.

Como resumen, las pautas básicas para lograr esta interrelación son las siguientes:

- Todo el material de trabajo que se utiliza de forma habitual (planos, folletos, etc.) estará colocado cerca del mostrador, para que los informadores turísticos tengan un fácil y rápido acceso a él. Además, también se dejarán algunos ejemplares en expositores o *displays* para que los usuarios de la oficina puedan autoabastecerse. Es importante mantener ordenados estos *displays.*

- El mostrador será lo suficientemente amplio como para desplegar correctamente la documentación. Además, estará correctamente iluminado.

- La oficina contará con un ordenador con acceso a internet para cada uno de los informadores turísticos. Para facilitar la comunicación entre el informador y el usuario, los ordenadores estarán colocados de forma que no se le dé la espalda al cliente mientras se localiza o consulta información en internet.

- Además, será recomendable que haya mesas y sillas para demandas que necesiten de más tiempo y que requieran un trato más personalizado.

- Es necesario que el almacén sea un lugar de fácil acceso, cercano al *front desk.* Todos los informadores conocerán los criterios con los que se haya clasificado y archivado la documentación.

En cuanto a la comunicación y la información facilitada, lo más importante será respetar las siguientes normas:

- La información proporcionada al usuario de la oficina de información turística será veraz y de calidad. El servicio se ofrecerá de forma rápida y eficaz.

- Se ofrecerá un trato profesional y amable, siguiendo las pautas básicas de atención al cliente.

Señala si son verdaderas o falsas las siguientes afirmaciones.

2.1. El turista actual presenta unas características muy distintas con respecto al viajero de hace algunas décadas.

2.2. Los DINKs son las parejas que han decidido posponer (o evitar) la maternidad.

2.3. La interpretación del patrimonio consiste en ofrecer al visitante la máxima información posible para que pueda realizar un mayor aprovechamiento de la visita.

2.4. El *segway* es un pequeño vehículo similar a los autobuses turísticos que recorren algunas ciudades de todo el mundo. Sirven para realizar visitas guiadas.

2.5. Los CAT —Centro de Acogida Turística— son los centros de información turística de Cataluña que se ubican en los cascos históricos y centros urbanos de las principales localidades turísticas.

2.6. Las oficinas de turismo suelen estar divididas en dos zonas perfectamente diferenciadas: *front desk* y *back desk*.

2.7. En la comunicación que se realiza con un usuario de la oficina de información turística, es imprescindible realizar las máximas preguntas posibles para así conseguir más información del cliente y poderle ofrecer un servicio más personalizado.

2.8. Los puntos de autoinformación son terminales informáticos a los que el turista tiene acceso gratuito y suelen estar ubicadas en el interior o exterior de las oficinas de turismo.

2.9. Algunos ejemplos de páginas web estáticas son los blogs, las *wikis,* las webs que ofrecen la posibilidad de insertar fotos y vídeos, redes sociales, etc.

2.10. Los clientes con necesidades especiales son únicamente los clientes que presentan alguna discapacidad física.

SOLUCIONES DE LAS AUTOEVALUACIONES

TEMA 1

1. Verdadero
2. Falso
3. Falso
4. Verdadero
5. Falso
6. Falso
7. Verdadero
8. Verdadero
9. Falso
10. Falso

TEMA 2

1. Verdadero
2. Verdadero
3. Falso
4. Falso
5. Falso
6. Verdadero
7. Falso
8. Verdadero
9. Falso
10. Falso